元宇宙的
商业革命

金易◎著

广东经济出版社

·广州·

图书在版编目（CIP）数据

元宇宙的商业革命／金易著. —广州：广东经济出版社，2023.4
ISBN 978 - 7 - 5454 - 8546 - 2

Ⅰ. ①元… Ⅱ. ①金… Ⅲ. ①信息经济—研究 Ⅳ. ①F49

中国版本图书馆 CIP 数据核字（2022）第 207804 号

策　　划：蒋先润
责任编辑：蒋先润　冯　颖
责任校对：李嘉琪
责任技编：陆俊帆

元宇宙的商业革命
YUANYUZHOU DE SHANGYE GEMING

出 版 人：李　鹏
出版发行：广东经济出版社（广州市水荫路 11 号 11～12 楼）
印　　刷：佛山市迎高彩印有限公司
　　　　　（佛山市顺德区陈村镇广隆工业区兴业七路9号）

开　　本：730mm×1020mm　1/16　　　印　　张：14.25
版　　次：2023 年 4 月第 1 版　　　　　印　　次：2023 年 4 月第 1 次
书　　号：ISBN 978 - 7 - 5454 - 8546 - 2　字　　数：209 千字
定　　价：68.00 元

发行电话：（020）87393830　　　　　　编辑邮箱：gdjjcbstg@163.com
广东经济出版社常年法律顾问：胡志海律师　　法务电话：（020）37603025
如发现印装质量问题，请与本社联系，本社负责调换。

目录

CONTENTS

第六部分 "元宇宙+",如何加

第一部分
元宇宙重构未来商业革命

2021年，可以被称为"元宇宙"元年。"元宇宙"呈现超出想象的爆发力，其背后是相关"元宇宙"要素的"群聚效应"（Critical Mass），近似1995年互联网所经历的"群聚效应"。

——横琴数链数字金融研究院学术与技术委员会主席 朱嘉明

第 1 章　元宇宙真的来了

2021 年，"元宇宙"一词犹如久旱后的春雨，"润物细无声"地悄然进入研究者、企业家、媒体从业者等人群的视野，在媒体铺天盖地的报道中发酵、升温。元宇宙最终成为继移动互联网、虚拟现实（VR）、5G、区块链之后互联网产业中的又一热点，科技界、资本圈，甚至街头巷尾都在热议"元宇宙"话题，《咬文嚼字》更是将其评为年度十大流行语之一。

2021 年 3 月 10 日，自称"元宇宙第一股"的沙盒游戏平台公司——罗布乐思（Roblox），首次把元宇宙概念写入招股书中，明确提出打造元宇宙的战略规划，并成功登陆美国纽约证券交易所。2021 年 5 月 18 日，韩国政府宣布成立"元宇宙联盟"，并计划投入 2024 亿韩元（约合人民币 11.6 亿元）在数字内容产业上。

2021 年 10 月 28 日，脸书（Facebook）创始人兼 Meta 首席执行官马克·扎克伯格（Mark Zuckerberg）在该公司的"Connect"发布会上宣布，该社交媒体平台的新名称是"Meta"。

马克·扎克伯格说道："我们是一家建立连接技术的公司。连接在一起，我们最终将把大家置于技术的中心。连接在一起，我们可以开启一个更大的创作者经济体。"

之所以改名"Meta"，马克·扎克伯格直言"脸书"这个公司名称并没有完全涵盖公司所做的一切。马克·扎克伯格解释道："（改名）是为了反映我们是谁，以及我们希望建立什么。……过去，我们的品牌与产品紧密相连。未来，我希望我们被看作是一家元宇宙（Metaverse）公司。"

随后，华为、腾讯、微软、高通等中外科技巨头企业纷纷高调地入局元

宇宙，催生超级"元宇宙现象"，由此揭开了元宇宙产业之战的序幕。2022年2月，中国"首钢园元宇宙"向全球发布，"首钢园元宇宙"由红色地标公司、华为河图和北京首钢建设投资有限公司联合打造，将首钢园工业遗存与科幻元宇宙概念及创新科技融合。首钢园作为北京冬奥组委驻地和重要赛事场地，科技赋能亮相世界，成为中国向世界递出的又一张亮丽名片。除此之外，不少经济体也自上而下推动在元宇宙领域落子布局。①

在政策层面，中国多地政府密集释放布局元宇宙的信号。2021年12月，上海市在其"十四五"规划中提到，"要加强元宇宙底层核心技术基础能力的前瞻研发"，成都、武汉、合肥等地政府均在政府工作报告中积极表态，表态主动抢占元宇宙未来赛道。佳都科技集团董事长刘伟在接受《每日经济新闻》记者采访时说，元宇宙这样的业态会推动中国的数字经济新的发展，所以在这个方面专门做了一个提案，希望由政府来主导元宇宙走向正轨，加速产业数字化和数字产业化推进。②

在刘伟看来，元宇宙作为新兴事物，目前没有标准、成熟的案例可循，更需要政府带头示范、引导，使其从发轫之初就走上赋能实体产业、壮大数字经济的道路，为中国抢占未来科技前沿阵地打下基础。因此，刘伟在2022年两会递交的提案之一就是建议从顶层出发，由政府主导打造"元宇宙中国"数字经济体，引导虚拟世界与现实世界紧密联系，形成虚实融合、沉浸交互的新型社会关系平台。刘伟在接受《证券时报》记者采访时说道："该平台既可以抢占元宇宙世界的国家名片、主导舆论提高国家影响力、推动公共服务数字化，又可以引导线下因疫情受损的旅游、商贸、文化等产业线上化，还能在此基础上推动法定数字货币、数字资产等新技术的规范应用，可以说意

① 莫莉. 元宇宙：落子布局须理性［N］. 金融时报，2022 - 02 - 10.

② 陈鹏丽. 专访全国政协委员、佳都科技集团董事长刘伟：元宇宙的底层架构已经基本成熟，应用爆发正当时［N］. 每日经济新闻，2022 - 03 - 10.

义重大。"① 鉴于此，部分研究机构甚至把 2021 年定义为"元宇宙元年"。

一、元宇宙的定义

作为正在落地的概念性新兴事物，"元宇宙"充满了商业想象。其中一个关键的原因是，元宇宙的概念与当前的互联网形态并没有本质上的断裂，可以认为是移动互联网的升级版本。

由于元宇宙还没有一个公认的、统一的标准定义，学术界和企业也都是从元宇宙的技术角度、商业模式方面前瞻性地提出元宇宙的组成，即涵盖虚拟现实、增强现实（AR）、3D、区块链、人工智能（AI）、交互传感技术等集成类技术赋能的实时在线的、虚拟现实的网络世界，是在数字和物理世界相互作用下形成的有机协同共生生态体系，将深远地影响人类的生活、经济等方面。

360 集团创始人周鸿祎在接受媒体采访时直言，元宇宙就像一个非常大的筐。周鸿祎说道："元宇宙保持目前的状况挺好的，它是个大筐，什么东西都能往里装，有人往里装 VR 的东西，有人往里装社区的东西，我就往里装产业互联网的东西。所以，人人皆可谈元宇宙，人人也皆可做元宇宙，不要把它变成少数大公司的专利就好了。……我看了很多投行写的报告，每家都有每家的理解。现实中我也与很多号称元宇宙的公司交流了一下。常言道，一千个人心中有一千个哈姆雷特，现在我可以讲，一万个人心中就有一万个元宇宙。"②

尽管元宇宙的筐很大，但周鸿祎还是给元宇宙做了一个大致的分类。周鸿祎说道："元宇宙这个词流行后，很多公司纷纷站出来说我们也跟元宇宙有

① 《证券时报》两会报道组. 全国政协委员刘伟：发展数字经济 打造"元宇宙中国"［N］. 证券时报，2022 - 03 - 03.

② 贺俊 . 360 董事长周鸿祎谈元宇宙：元宇宙是个筐 何不为己所用［N］. 证券日报，2021 - 12 - 30.

关，做服务器的、芯片的、显卡的、交换机的、做云的、做大数据和数据库的，所有与数字化技术有关的厂商其实都和元宇宙有点关系。这些人也没有说假话，确确实实元宇宙需要用服务机、云计算，这些都是给元宇宙打造基础的产业链。因为贴了元宇宙这个标签，很多公司的股价纷纷大涨，以至于证监会对很多公司提出了问询。我管这一派叫炒股派。……我很感慨，我们所有做传播的同事都应该想一想，数字孪生、产业互联网，我们讲了这么久，为什么都不如元宇宙三个字传播力这么强。（答案是）产业互联网的核心是数字孪生。数字孪生与元宇宙，在我理解基本是一回事。但数字孪生这个词太专业、太技术化，所以没有变成老百姓口中的热词。但是元宇宙这个词从另外一个角度把数字孪生描绘得让普通人更加容易感知、更加容易接受。"①

对于当下很热的元宇宙概念，不乏蹭热点的现象。佳都科技集团董事长刘伟在接受《每日经济新闻》记者采访时说道："这个东西跟技术本身是没有关系的。就像我们当年搞互联网，很快就出现 P2P 网上集资，带来很多的社会问题。""元宇宙是堪比移动互联网的生态级发展机会，元宇宙的底层架构包括高速网络基础设施、VR／AR 硬件、云计算、大数据计算架构、人工智能算法模型。经过这几年的数字基建建设，5G 网络初具规模。VR／AR 硬件经过近 10 年的发展也已经达到可规模商用的技术条件，而 AI、大数据、云计算更是成为各行业数字化的标配。可以说元宇宙的底层架构已经基本成熟，应用爆发正当时。"②

在学界，元宇宙前景的探索也在如火如荼地进行。上海交通大学上海高级金融学院实践教授胡捷在接受《每日经济新闻》记者采访时直言，原则上来说，从人类在计算机上敲下第一段字符时，虚拟世界就已经存在了。从单机到个人电脑（PC）网络再到移动互联网的发展，其实就是人类与虚拟世界

---

① 贺俊 . 360 董事长周鸿祎谈元宇宙：元宇宙是个筐 何不为己所用 ［N］. 证券日报，2021 - 12 - 30.

② 陈鹏丽 . 专访全国政协委员、佳都科技集团董事长刘伟：元宇宙的底层架构已经基本成熟，应用爆发正当时 ［N］. 每日经济新闻，2022 - 03 - 10.

的交互方式越来越丰富的过程。而在虚拟现实、现实增强、动作捕捉、脑机接口等新型交互手段给人类带来沉浸式虚拟世界体验的同时，我们也进入了移动互联网之后的新阶段——元宇宙。①

在胡捷教授看来，元宇宙的本质就是虚拟空间，新纪元从萌发到繁荣，将以 10 倍于互联网老世界的速度演进。胡捷教授解释说道："以元宇宙命名的虚拟空间新纪元，有两个新特点。第一个是感知技术的快速进步，第二个是区块链技术的突破。先看第一个特点。感知技术把计算机生成的内容进行形态转换，让人的眼、耳、鼻、舌、身、意能够体察，从而为人接收和理解。反之，感知技术也能够让人的意志通过语言、动作、表情、意念等更加便捷地传递给计算机。感知技术的进步，在逐渐弥合人类这种碳基生物与硅基世界的感知鸿沟。第二个特点更加重要，也更加本质。区块链技术的成功应用，改变了虚拟空间里的经济活动范式。经济活动必须基于参与者共同认可和遵守的规则展开。在传统经济生态中，这样的规则须由信誉卓著的机构来设立和维护。然而，在区块链技术支撑下，一群互不相识的普通人可另辟蹊径，基于算法构建和管理一个可信的账本，从而为资产确权和资产转移提供了底层的逻辑基础，并在此之上展开形形色色的经济活动。"②

在世界范围内，元宇宙产业将在三四年内初现锋芒。胡捷教授解释说："可以预见，未来元宇宙项目将会形成两大流派。一个流派强调感知技术的应用，另一个流派强调经济模型的变化。强调感知技术的流派会以炫酷的特技效果作为卖点，强调经济模型变化的流派将践行 Web 3.0 的理念，将项目收益和治理权更大程度地还给用户。一般而言，一个元宇宙项目会两者兼具，只是有所侧重而已。需要说明的是，元宇宙虽然是虚拟空间，但并非脱离现实世界而独立存在。人作为纽带，连接着元宇宙和现实世界。元宇宙内活动

① 李孟林. 炸裂出圈！大厂押注、资本加持，元宇宙是泡沫还是未来？［N］. 每日经济新闻，2021－08－28.

② 同上。

的主体是虚拟用户，但每一个虚拟用户都关联着并受控于现实世界中的一个自然人或者法人，简称'真人'。也就是说，元宇宙的虚拟用户是现实世界里真人的化身。当然，一个现实世界的真人在元宇宙中可以有多个化身。可见，元宇宙内虚拟用户的活动，本质上都是现实世界里真人的活动。由此，目前主流观点认为，关于现实世界真人的经济逻辑、伦理规范和法律体系，原则上都应该适用于元宇宙内的虚拟用户，即适用于虚拟用户背后的真人。"①

在周鸿祎看来，如果元宇宙真的到来，以往对网络安全的定义就太狭隘了。因为随着数字化技术的发展，人类已经进入数字文明时代，所面临的信息安全挑战已经从最初的计算机安全、网络安全，演进为数字化安全。在接受《经济观察报》记者关于元宇宙的采访时，周鸿祎说道："随着软件重新定义世界，在数字化安全时代，数字化威胁与现实世界交织融合，网络攻击将会对现实世界造成直接的伤害。在真正的元宇宙时代，网络威胁超越传统安全威胁，成为数字文明的主要的威胁之一。安全风险遍布数字时代的所有场景，直接影响国家安全、国防安全、经济安全、社会安全乃至人身安全。具体而言，数字化安全面临七大复杂安全问题，八大场景下的安全挑战。所谓的七大问题，它们是指应用安全、供应链安全、云安全、大数据安全、网络通信安全、物联网安全、新终端安全。而八大场景，则分别是关键基础设施、工业互联网、车联网、能源互联网、数字金融、智慧医疗、数字政府、智慧城市。"

周鸿祎认为："要想构建元宇宙，第一步要做的事，就是要构建好安全的基础设施。因为在元宇宙中，人类面临的网络威胁相比现在一个都不会少，反而会变本加厉，并极大地促进新型网络犯罪的发生。从这个角度来看，所有的安全挑战到了元宇宙时代都将上升到一个新的维度，威胁更广、伤害更大；这也

---

① 胡捷. 没有区块链，就没有元宇宙［N］. 文汇报，2022－01－14.

从另一个侧面说明，数字化技术的发展和安全威胁永远是成正比的。"①

对于元宇宙所幻想的虚拟现实，在线上构造超越线下的世界，周鸿祎直言，这还需要很长一段时间。当然，如果说终极形态，周鸿祎所理解的元宇宙，应该是一个把物理世界、虚拟世界和人类社会三者高度融合的世界。周鸿祎的理由如下：随着数字化发展，我们要构建一个基于现实世界的数字孪生世界，它客观地反映物质世界。如果我们创建了一个能真实地反映物质世界能量运动的数字模型，并且不断地将它完善，这个技术无疑可以推动人类社会更好地发展。其次，理想形态的元宇宙，最主要的功能是能够帮助人类更全面地认识这个世界，反映这个物质世界。毕竟科学的目的就是更好地认识客观世界，以此改造世界。而人类始终还是要在物质的世界里面解决能源的问题，解决吃饭的问题，去工作，去生活。②

综上，不难看出，元宇宙仍是一个不断发展的概念，需要不同的人不断丰富它的含义。

（1）北京大学陈刚教授、董浩宇博士是这样定义元宇宙的：元宇宙是利用科技手段进行链接与创造的，与现实世界映射与交互的虚拟世界，具备新型社会体系的数字生活空间。③

（2）百度副总裁马杰认为：元宇宙本质上是对现实世界的虚拟化、数字化过程，需要对内容生产、经济系统、用户体验以及实体世界内容等进行大量改造。但元宇宙的发展是循序渐进的，是在共享的基础设施、标准及协议的支撑下，由众多工具、平台不断融合、进化而最终成形。④

---

① 邹永勤. 周鸿祎再谈"元宇宙"：文明内卷、数字化威胁，及元宇宙基础设施……［N］. 经济观察报，2021 - 11 - 24.

② 同上。

③ 陈刚，董浩宇. 北京大学学者发布元宇宙特征与属性 START 图谱［EB/OL］. 2021 - 11 - 19, https：//share. gmw. cn/it/2021 - 11/19/content_ 35323118. htm.

④ 胡喆，温竞华. 什么是元宇宙？为何要关注它？——解码元宇宙［EB/OL］. 2021 - 11 - 19, http：//m. news. cn/2021 - 11/19/c_ 1128081263. htm.

（3）中国社会科学院数量经济与技术经济研究所副研究员左鹏飞通过对元宇宙构思和概念的"考古"，认为可以从时空性、真实性、独立性、连接性四个方面去交叉定义元宇宙。从时空性来看，元宇宙是一个空间维度上虚拟而时间维度上真实的数字世界；从真实性来看，元宇宙中既有现实世界的数字化复制物，也有虚拟世界的创造物；从独立性来看，元宇宙是一个与外部真实世界既紧密相连，又高度独立的平行空间；从连接性来看，元宇宙是一个把网络、硬件终端和用户囊括进来的永续的、广覆盖的虚拟现实系统。①

（4）清华大学新闻学院沈阳教授对元宇宙的定义：元宇宙是整合多种新技术而产生的新型虚实相融的互联网应用和社会形态，它基于扩展现实技术提供沉浸式体验，基于数字孪生技术生成现实世界的镜像，基于区块链技术搭建经济体系，将虚拟世界与现实世界在经济系统、社交系统、身份系统上密切融合，并且允许每个用户进行内容生产和编辑。沈阳教授解释："元宇宙本身不是一种技术，而是一个理念和概念，它需要整合不同的新技术，如5G、6G、人工智能、大数据等，强调虚实相融。"元宇宙主要有以下几项核心技术。一是扩展现实技术，包括 VR 和 AR。扩展现实技术可以提供沉浸式的体验，可以解决手机解决不了的问题。二是数字孪生，能够把现实世界镜像到虚拟世界里面去。这也意味着在元宇宙里面，我们可以看到很多自己的虚拟分身。三是用区块链来搭建经济体系。随着元宇宙进一步发展，对整个现实社会的模拟程度加强，我们在元宇宙当中可能不仅仅是在花钱，而且有可能赚钱，这样在虚拟世界里同样形成了一套经济体系。②

二、元宇宙的漫漫征途

对于任何一项技术的迭代和革新，它们不仅将迎来新的契机，遭遇新的

---

① 左鹏飞. 元宇宙是未来还是骗局？［N］. 新京报，2021－09－23.

② 胡喆，温竞华. 什么是元宇宙？为何要关注它？——解码元宇宙［EB/OL］. 2021－11－19，http://m. news. cn/2021－11/19/c_ 1128081263. htm.

挑战，同时也是一个新的开始，元宇宙也不例外。

　　我们梳理元宇宙的发展历程后发现，在其概念提出之前，元宇宙就已经走过了一段漫长的岁月。《十问元宇宙：如何将抽象的概念具象化？——元宇宙深度报告》的数据显示，在元宇宙概念提出之前，开放多人游戏经历了从文字到 2D 再到 3D 的演进。该报告还提到，1979 年，文字网游 MUD① 诞生，随后开放多人游戏经历了从文字到 2D 再到 3D 的演进，并且在其中添加了交互与用户原创内容（User Generated Content，UGC）的属性。游戏创作者通过增加游戏的维度、交互程度以满足用户对于体验、内容的大量需求。② 直到 1995 年，其间经历了近 20 年的时间。见表 1-1。

表 1-1　开放多人游戏发展历程

时间	名称	意义
1979 年	MUD	第一个文字交互界面的、将多用户联系在一起的实时开放式社交合作世界
1986 年	Habitat	第一个 2D 图形界面的多人游戏环境，首次使用了化身 avatar，也是第一个投入市场的 MMORPG（大型多人在线角色扮演游戏）
1994 年	Web World	第一个轴测图界面的多人社交游戏，用户可以实时聊天、旅行、改造游戏世界，开启了游戏中的 UGC 模式
1995 年	Worlds Incorporated	第一个投入市场的 3D 界面 MMO（大型多人在线游戏），强调开放性世界而非固定的游戏剧本
1995 年	Active Worlds	基于小说《雪崩》创作，以创造一个元宇宙为目标，提供了基本的内容创作工具来改造虚拟环境

数据来源：清华大学新媒体研究中心《2020—2021 年元宇宙发展研究报告》。

---

　　① MUD 原指 Multi-User Dungeon（多使用者迷宫），后又被称为 Multi-User Dimension（多使用者空间）与 Multi-User Domain（多使用者领土）。狭义的 MUD 指的是类似于 1978 年的 MUD1 游戏，这是一款直接使用终端机模拟程序（如 telnet）即可进行的联机游戏，主要利用文字叙述的方式呈现。

　　② 东方证券. 十问元宇宙：如何将抽象的概念具象化？——元宇宙深度报告 [R]. 2021-11-11.

从表 1-1 中不难发现，元宇宙概念的提出经历了一个渐进的过程。在早期，元宇宙主要还是聚焦于文学作品、影视作品、游戏场景。

东方证券发布的《十问元宇宙：如何将抽象的概念具象化？——元宇宙深度报告》提出，元宇宙（Metaverse）一词最早来自 1992 年的科幻小说《雪崩》。Metaverse 由 Meta 和 verse 两个词根组成，Meta 表示"超越""元"，verse 表示"宇宙"（Universe）。

在小说《雪崩》一书中，美国科幻作家尼尔·斯蒂芬森是这样描述的：

现在，阿弘正朝"大街"走去。那是超元域的百老汇，超元域的香榭丽舍大道。它是一条灯火辉煌的主干道，反射在阿弘的目镜中，能够被眼睛看到，能够被缩小、被倒转。

它并不真正存在；但此时，那里正有数百万人在街上往来穿行。

"计算机协会全球多媒体协议组织"的忍者级霸主们都是绘制电脑图形的高手，正是他们精心制定出协议，确定了大街的规模和长度。大街仿佛是一条通衢大道，环绕于一颗黑色球体的赤道之上，这颗球体的半径超过 1 万千米，而大街更是长达六万五千五百三十六千米，远比地球赤道长得多。

对许多人来讲，"六万五千五百三十六"是个难以捉摸的数字，但黑客除外。他们对这个数字可谓耳熟能详，比自己母亲的生日还熟悉：六万五千五百三十六是二的指数幂，确切地说是二的十六次方——就连这个指数十六也是二的幂，即二的四次方，而四又是二的二次方。如同二百五十六、三万二千七百六十八和二十一亿四千七百四十八万三千六百四十八一样，六万五千五百三十六是黑客世界的基石之一。在这个世界中，"二"是唯一真正重要的数字，因为电脑能识别的数字只有"二"个：一个是"零"，另一个是"一"。任何一个由"二"相互连乘而形成的数字，黑客都能一眼就认出来。

和现实世界中的任何地方一样，大街也需要开发建设。在这里，开发者可以构建自己的小街巷，依附于主干道。他们还可以修造楼宇、公园、标志牌，以及现实中并不存在的东西，比如高悬在半空的巨型灯光展示，无视三维时空法则的特殊街区，还有一片片自由格斗地带，人们可以在那里互相猎杀。

这条大街与真实世界唯一的差别就是，它并不真正存在。它只是一份电脑绘图协议，写在一张纸上，放在某个地方。大街，连同这些东西，没有一样被真正赋予物质形态。更确切地说，它们不过是一些软件，通过遍及全球的光纤网络供大众使用。当阿弘进入超元域，纵览大街，当他看着楼宇和电子标志牌延伸到黑暗之中，消失在星球弯曲的地平线之外，他实际上正盯着一幕幕电脑图形表象，即一个个用户界面，出自各大公司设计的无数各不相同的软件。若想把这些东西放置在大街上，各家大公司必须征得"全球多媒体协议组织"的批准，还要购买临街的门面土地，得到分区规划许可，获得相关执照，贿赂检查人员，等等。这些公司为了在大街上营造设施而支付的钱全部流入由"全球多媒体协议组织"拥有和运营的一项信托基金，用于开发和扩充机器设备，维持大街继续存在。①

其后的20多年里，囿于技术等瓶颈，元宇宙的特征和要素仍旧只是在《黑客帝国》《头号玩家》《西部世界》等影视作品，以及《模拟人生》等游戏中呈现。2002年上映的日本动漫电影《名侦探柯南：贝克街的亡灵》中曾描绘出这样的画面：一群孩子进入"蚕茧"般的游戏舱内，肉身处于休眠状态，但思维控制的"精神躯体"却可以在基于人工智能技术运行的虚拟世界中经历种种冒险。这个虚拟世界拥有和现实世界相似的结构规模、交往方式和评价体系。② 在此阶段，元宇宙的概念依旧不清晰，甚至更多地被理解为平行的虚拟世界。

2000年以后，随着互联网技术和通信技术的蓬勃发展，以及新技术、新材料难题的解决，世界通信从2G网络向3G网络狂奔，元宇宙相关生态体系

---

① 斯蒂芬森. 雪崩［M］. 郭泽，译. 成都：四川科学技术出版社，2009.
② 赵新昊. 浅谈"元宇宙"［J］. 新理财，2022（Z1）：83－84.

的有序构建开始迅猛发展。

2003 年，由 RealNetworks 公司前首席技术官菲利普·罗斯戴尔通过林登实验室（Linden Lab）开发的网络虚拟游戏《第二人生》，成为历史上首个现象级的虚拟空间世界。该平台不仅拥有虚拟空间世界的编辑功能，还拥有发达的虚拟经济系统，用户可以在其中社交、购物、建造、进行商业活动等；英国广播公司、路透社、美国有线电视新闻网在其中发布新闻；IBM 在游戏中购买地产并建立公司的销售中心；瑞典在其中建立自己的大使馆；西班牙政党在其中进行辩论。① 游戏甚至还拥有自己的代币—— Linden Dollar，可以与法定货币进行正常兑换。

正是因为拥有出色的深度体验，《第二人生》的用户呈现跨越式增长。2006 年 10 月 18 日，《第二人生》的注册用户达到 100 万人。2006 年 12 月 14 日，《第二人生》的注册用户达到 200 万人。2006 年 12 月 29 日，《第二人生》首次有 2 万名用户同时在线。2007 年 1 月 28 日，《第二人生》的注册用户达到 300 万人。2007 年 2 月 1 日，《第二人生》首次有 3 万名用户同时在线。2007 年 2 月 24 日，《第二人生》的注册用户达到 400 万人。2007 年 3 月 26 日，注册用户达到 500 万人。2008 年 3 月，注册用户达到 2 500 万人，《第二人生》首次有 15 万名用户同时在线。

不难看出，《第二人生》是元宇宙的一个标杆性事件。其后，越来越多游戏公司在游戏产品中集成了部分社交功能，极大地加速了元宇宙概念的部分落地。例如，2019 年 12 月，电影《星球大战：天行者崛起》的独家预告片在"史诗游戏"公司（Epic Games）旗下射击游戏《堡垒之夜》内的露天影院内首播；2020 年 4 月，《堡垒之夜》为美国嘻哈歌手特拉维斯·斯科特在游戏中举办了一场线上虚拟演唱会，吸引了超过 1 200 万名玩家参加，创造了游戏史上同时在线观看人数最多的记录；2020 年 6 月，《堡垒之夜》玩家可以在游戏中免费观看一部克里斯托弗·诺兰导演的电影，影片的内容在不同

① 东方证券. 十问元宇宙：如何将抽象的概念具象化？——元宇宙深度报告 [R]. 2021 -11 -11.

区服之间有所不同，影片包括《盗梦空间》《蝙蝠侠：侠影之谜》《致命魔术》。①

与此同时，在线演唱会也被纳入元宇宙的版图中。《羊城晚报》报道，经过一次延期后，原定于 2022 年 3 月 25 日举办的崔健"继续撒点野"微信视频号演唱会终于在 2022 年 4 月 15 日晚举行。虽然比海报上的时间推迟了一个小时，但在晚上九点演唱会正式开始前，已经有超过 1 279 万人进入了直播间等待。而在演出结束时，共有超过 4 400 万人观看。②

三、元宇宙的关键特征

按照小说《雪崩》中的表述，"元宇宙"是一个与现实世界平行的世界，利用增强现实、虚拟现实和互联网等技术，现实世界可以一一投射到元宇宙中，现实世界中的人类在各种数字化技术的加持下，在元宇宙里拥有一个网络分身，并且可以自己定义分身的形象。③ 即一个平行于现实世界的网络世界——"元宇宙"，所有现实世界的人在"元宇宙"中都有一个替身。真实世界的人通过控制其替身，在"元宇宙"中进行人际交往和竞争以提升自己的地位。④

元宇宙是一个与现实世界融合并且并行的虚拟空间，要想让人有更丰富、深度的体验，就需要定义元宇宙的关键指标。作为元宇宙的参与者，罗布乐思首席执行官大卫·巴斯祖基将元宇宙的定义变得更加具体化。

在罗布乐思的招股书中，大卫·巴斯祖基详细地罗列了平台具有的通向

① 东方证券. 十问元宇宙：如何将抽象的概念具象化？——元宇宙深度报告 ［R］. 2021-11-11.

② 胡广欣. 宝刀未老！崔健线上演唱会历时 3 小时，超 4 400 万人收看 ［N］. 羊城晚报，2022-04-16.

③ 詹晨. 不是"空中楼阁"？元宇宙为何受到资本青睐？这类 ETF 业绩跟着起飞，还有 QDII 分享红利！［N］. 证券时报，2021-11-11.

④ 毕马威中国. 初探元宇宙 ［R］. 2022-03：5-30.

元宇宙的 8 个关键特征：（1）独立身份（Identity）；（2）社交好友（Friends）；（3）沉浸感（Immersive）；（4）随地（Any Where）；（5）多样性（Variety）；（6）低延迟（Low Friction）；（7）经济（Economy）；（8）文明（Civility）。见图 1-1。

图 1-1　元宇宙的 8 个关键特征

资料来源：Roblox 投资者日视频，中信证券研究部。

这是企业经营者首次定义"元宇宙"的关键特征。2021 年 3 月 28 日，罗布乐思在美国纽约证券交易所成功上市。罗布乐思没有选择传统的方式登陆资本市场，而是选择了直接上市的方式，即没有通过券商进行新的融资就直接上市交易。上市当天，其股价从 45 美元涨到了 70 美元，市值突破 400 亿美元。[①]

随后，罗布乐思的股价继续攀升，按照 2021 年 10 月 28 日的收盘价计算，罗布乐思的市值高达 476 亿美元。其市值迅速超越总部设在美国加利福尼亚州红木城的游戏公司——美国艺电公司（EA），排在美股游戏公司的第二名。

公开资料显示，罗布乐思平台向用户提供游戏平台，向开发者提供 Roblox Studio 工具集和 Roblox 云服务，用户和开发者可以在虚拟空间世界中获取深度的 3D 沉浸式体验。每个参与者既可以是玩家，也可以是开发者。让用户

---

① 陈霞昌.“元宇宙第一股”的前世今生［N］.证券时报，2021-09-12.

更深度体验，罗布乐思的做法如下：第一，为开发者和各个年龄段用户提供了一目了然的开发工具和免费课程。第二，Roblox Studio 的使用非常简单和方便。第三，罗布乐思还开发了虚拟货币 Robux 及交易系统，创作者通过 Robux 收取收益，玩家通过 Robux 支付货币来玩游戏，而 Robux 和真实货币之间可以进行互换。第四，创作者几乎拥有对游戏的所有控制权。①

2016 年 4 月 16 日，罗布乐思对外发布信息称，该公司将登陆 Oculus Rift 平台②，用户可以在 Oculus Rift 平台上设计和体验自己的虚拟现实游戏。《四探元宇宙，深挖互联网未来形态的核心价值》信息显示，罗布乐思作为工具引擎 + 社区，不是产出内容的一方，而是提供技术工具 + 社区支持，帮助创作者在罗布乐思平台上开发大量不同风格的游戏，从而使得社区产生海量的内容。大量的游戏开发者共同创造了罗布乐思丰富的游戏库，其中包括《侠盗猎车手 5》（GTA5）、《反恐精英》（CS）③ 等热门大 IP 的"低配版"，《模拟人生》（The Sims）等经典休闲模拟经营游戏，以及大量玩家自创的充满创意的产品。与此同时，罗布乐思还拥有一个完善的封闭经济体系，所有的经济行为都需要购买虚拟货币 Robux。用户在游戏中使用 Robux 消费时，平台与游戏创作者共享 Robux，存进各自的虚拟账户；创作者积累足够的 Robux，则可转换成真实世界的货币。截至 2020 年 12 月，一个 Robux 的平均价格为 0.01 美元。开发者通过在罗布乐思平台上创作的内容获得相关收益。公开资料显示，2021 年第二季度，罗布乐思支付给开发者的分成费用达到 1.3 亿美元，占收入比例的 28.6%。在这些开发者和创造者中，超过 3 300 名游戏开发者将 Robux 兑换为现实世界的货币，超过 1 250 名开发者能够赚到 1 万美元以上，超过 300 名开发者赚到 10 万美元以上。④

---

① 海通证券. 四探元宇宙，深挖互联网未来形态的核心价值［R］. 2021 - 11 - 10：2 - 44.

② Oculus Rift 是个开放平台，开发人员不需要任何批准或验证，即可开发、发布或贩售用于 Rift 的内容，且无须支付任何授权费用，该软件开发工具包不可未经允许进行修改或用于其他用途。

③ 《反恐精英》是 Valve 于 1999 年夏天开发的射击系列游戏。

④ 海通证券. 四探元宇宙，深挖互联网未来形态的核心价值［R］. 2021 - 11 - 10：2 - 44.

在良好的互动中，罗布乐思 2021 年第二季度的日活跃用户数量达到 4 320 万，同比增长 29.4%。其中北美地区 1 210 万，欧洲地区 1 180 万，亚太地区 720 万，其他地区 1 210 万。

从罗布乐思平台的实践中不难发现，用户已经在元宇宙所涵盖的创造、娱乐、展示、社交、交易等场景中实现了深度体验，元宇宙特定的生态体系建构正在形成。

除了罗布乐思公司，Beamable 公司创始人乔恩·拉多夫也对元宇宙提出相对应的指标。乔恩·拉多夫认为，构成元宇宙的 7 个层面如下：体验（Experience）、发现（Discovery）、创作者经济（Creator Economy）、空间计算（Spatial Computing）、去中心化（Decentralization）、人机交互（Human – computer Interaction）、基础设施（Infrastructure）。[1] 见图 1 – 2。

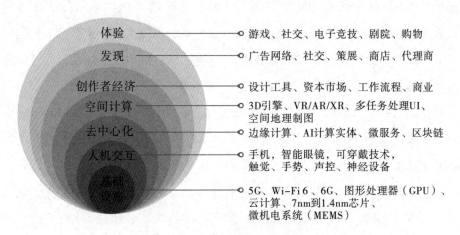

图 1 – 2　构成元宇宙的 7 个层面

维基百科对元宇宙的关键特征作出说明：通过虚拟增强的物理现实，呈现收敛性和物理持久性特征的，基于未来互联网的，具有连接感知和共享特征的 3D 虚拟空间。按照这样的理解，如今元宇宙的关键特征如下：（1）吸纳了信息革命（5G/6G）、互联网革命（Web 3.0）、人工智能革命，以及虚拟现

---

[1]　毕马威中国. 初探元宇宙 ［R］. 2022 – 03：5 – 30.

实、增强现实、混合现实（MR），特别是游戏引擎在内的虚拟现实技术革命的成果，向人类展示构建与传统物理世界平行的全息数字世界的可能性；（2）引发了信息科学、量子科学、数学和生命科学的互动，改变了科学范式；（3）推动了传统的哲学、社会学，甚至人文科学体系的突破；（4）囊括了所有的数字技术，包括区块链技术；（5）丰富了数字经济转型模式，融合去中心化金融、星际文件系统（InterPlanetary File System，IPFS）、非同质化代币（Non‐Fungible Token，NFT）等数字金融成果。[1]

在这里对星际文件系统做一个简单的介绍。星际文件系统是一个分布式的 Web，即点到点超媒体协议，是一个将现有的成功系统分布式哈希表（Distributed Hash Tables，DHTs）、比特流（BitTorrent）、分布式版本控制系统（Git）、自认证文件系统（Self‐Certifying File System，SFS）与区块链相结合的文件存储和内容分发网络协议，可以让互联网速度更快，更加安全，更加开放。主要的特点见表 1‐2。

表 1‐2　星际文件系统的四个特点[2]

特点	内容
永久的、去中心化	永久的、去中心化保存和共享文件
点对点超媒体	P2P 保存各种类型的数据
版本化	可追溯文件修改历史
内容可寻址	通过文件内容生成独立哈希值来标识文件，而不是通过文件保存位置来标识

①　量化爱好者. 你想不到的元宇宙发展史［EB/OL］. 2021‐10‐14. https://new.qq.com/omn/20211014/20211014A04RGF00.html.
②　极客云算 IPFS. http 是否真的会被取代？IPFS 和 http 的区别［EB/OL］. 2020‐11‐19. https://zhuanlan.zhihu.com/p/271710661.

　　关于元宇宙的关键特征，风险投资家马修·鲍尔对其有前瞻性的理解。在马修·鲍尔看来，理想中的元宇宙应该包含这样几个核心特点：（1）人们在元宇宙中拥有虚拟身份，可以开展社交、游戏、内容创作等活动；（2）元宇宙无限期持续存在，对所有参与者实时同步，提供沉浸式体验；（3）数字资产、社交关系等内容可以在元宇宙的各个空间高度互通，元宇宙与现实世界存在广泛的交互接口；（4）元宇宙将形成一个充分的经济系统，参与者能够创作、拥有、投资、出售多种多样的虚拟物品。据了解，马修·鲍尔曾担任亚马逊工作室的全球战略负责人，是最早关注这一波元宇宙热潮的分析人士之一。2021 年 6 月，鲍尔连发九篇研究元宇宙的文章，并参与创立了全球第一支元宇宙概念 ETF。①

---

　　① 李孟林. 大厂押注、资本加持、火爆出圈 元宇宙是泡沫，还是大势所趋？［N］. 每日经济新闻，2021 - 08 - 31.

第 2 章　万亿美元的元宇宙市场

元宇宙之所以能够获得广泛关注，主要有如下几个原因：

（1）各种核心技术、硬件不断发展，人工智能、区块链、大数据、5G 通信、可穿戴设备等底层技术应用的日渐成熟，使得一些面向消费者的产品不断完善和落地，为元宇宙创造了无限的可能。

（2）新冠肺炎疫情极大地改变了人们的工作和生活方式，加速了全球数字经济的发展。民众上网时间大幅增加，迅速推动了网上购物、远程办公、视频会议、线上教学等的普及。

（3）互联网经济在经历了 Web 1.0 和以移动互联网为标志的 2.0 发展阶段后，用户红利和时长红利增速均已达峰值，而元宇宙作为虚拟世界和现实世界融合的载体，蕴含着社交、内容、游戏、办公等场景变革的巨大商业机遇。①

对于元宇宙的商业机遇，横琴数链数字金融研究院学术与技术委员会主席朱嘉明在接受《中国经营报》记者采访时说道："互联网的历史，可以追溯到 20 世纪 50 年代，至今已有长达六七十年的时间。即使以互联网的里程碑事件——万维网的诞生来计算，也已经有 30 年的历史。在这个过程中，人们看到了互联网的演变，即互联网经历了从 Web 1.0 到 Web 2.0 再到 Web 3.0 的过程。这是关于互联网演变和进程的共识。对 Web 3.0 而言，2006 年被提出，至今尚没有非常强有力和鲜明的落地表现。人们更多的是在讨论 Web 3.0 的概念和趋势，其最好的应用集中在与以太坊相关的应用。我认为，正是在

---

① 毕马威中国. 初探元宇宙 ［R］. 2022 –03：5 –30.

这样的背景下，元宇宙的出现，可以被视为 Web 3.0 发展演进的最重要的成果。我们可以用两句话来理解元宇宙与互联网的关系。第一句话：元宇宙是互联网从 Web 1.0 到 Web 3.0 渐进的一个结果。后面更重要的一句话：元宇宙本身也是一个突变——如同物种进化突变出的新的物种。由于它是互联网和其他一系列新的技术结合在一起的产物，这个新物种导致元宇宙突破了互联网的局限性。也就是说，没有互联网，没有 Web 3.0 的演变，就没有元宇宙。元宇宙是互联网演变的结果。同时，它又是一个物种上的突破——元宇宙不仅包含互联网技术，还包括虚拟现实技术、数字孪生技术等。元宇宙是互联网的一个渐进加突变的结果。可以预见，因为元宇宙，Web 3.0 进入高速成长期。"[1]

在朱嘉明看来，科技和经济的发展趋势将进一步促进深度数字化，元宇宙作为虚拟世界和现实世界融合的载体，所具有的社交、内容、游戏、办公等场景必然会让人类社会更便利、更舒适。元宇宙将成为未来智慧城市最重要的关键词，它不仅涉及游戏与娱乐，也将深入各个商业领域。[2]

由此可见，元宇宙的商业价值不可估量。2022 年 2 月 22 日，美国摩根士丹利发布的研报数据显示，随着元宇宙产业的发展，中国的元宇宙市场规模可能达到 52 万亿元（约合 8 万亿美元）。在中国本土市场，网易、百度等大型互联网科技企业率先入局，腾讯、阿里巴巴和字节跳动等都在加大对虚拟世界的投资，陆续问世瑶台、虹宇宙、希壤等元宇宙产品，并进行相关产品研发和技术储备。[3]

彭博行业研究报告预测，2024 年元宇宙的市场规模将达到 8 000 亿美元。普华永道发布的报告《全球娱乐及媒体行业展望：2021—2025 年精要》认为，

① 屈丽丽. 独家对话朱嘉明：元宇宙的商业前景、技术路径和治理规则 [N]. 中国经营报，2022 – 01 – 22.

② 莫莉. 元宇宙：落子布局须理性 [N]. 金融时报，2022 – 02 – 10.

③ 石飞月. 元宇宙市场规模可能达到 52 万亿元 [N]. 北京商报，2022 – 02 – 22.

虚拟现实和增强现实产业在 2030 年将为全球增加 1.5 万亿美元的市场。①

一、元宇宙的应用场景

在现阶段的元宇宙商业应用场景中，游戏最早落地。这就为游戏板块探索新型技术提供了用武之地。2021 年 12 月，市场研究机构 Newzoo 对 2021 年全球游戏市场进行分析："在经历了去年前所未有的增长期后，我们认为游戏市场将无法以同样的速度增长。事实上，我们最初预测收入会略有下降，但消费者在游戏上的支出已经能够抵御疫情带来的长期影响。2021 年的游戏市场将产生 1 803 亿美元的总收入，比 2020 年增长 1.4%。"

未来几年游戏板块的业绩依旧被看好。Newzoo 预测称："我们预测 2023 年游戏市场将产生 2 046 亿美元的收入，比一年前的预测高出近 40 亿美元。"对于 2021 年的游戏业绩增长，Newzoo 的报告和预测主管汤姆·维曼解释，他们在年初认为 2021 年的市场不可能与 2020 年匹敌，因为 3A 大作的发布延迟和新游戏硬件的持续供应短缺使人们几乎没有机会消费。然而，在 2021 年过去 9 个月后，他们意识到市场将再次增长。这表明游戏市场绝对不再是曾经的季节性、热点驱动的市场。新游戏内容不再意味着新游戏或新硬件——新财季同样有可能有收入增加。虽然来自主机和 PC 的收入因新游戏发布减少而略有下降，但移动设备的表现已为整个市场带来了又一个增长年。同样，即使在 2020 年新玩家数量空前增长之后，2021 年游戏和游戏内容的用户也继续增长——30 亿名玩家将拉动收入——比 2020 年的玩家数量增加了 5.3%，这些玩家中有 55% 来自亚太地区。

2021 年游戏市场亮点有：

（1）元宇宙。不可否认的是，2021 年游戏市场能够增长，离不开元宇宙元素，其中包括《堡垒之夜》和其他游戏中虚拟音乐会的成功，罗布乐思首

---

① 莫莉. 元宇宙：落子布局须理性［N］. 金融时报，2022 - 02 - 10.

次公开募股，市值 406 亿美元，以及 Facebook 更名为 Meta。

（2）并购交易、投资和 IPO。2021 年的游戏市场增长，离不开大量的并购交易、投资和 IPO。例如涵盖罗布乐思、AppLovin、Krafton、Unity 等公司。

2022 年第一季度，发生了游戏业有史以来最大的两起上市公司收购案。Take – Two 正在并购 Zynga，微软正在并购动视暴雪（Activision Blizzard）。如果微软并购成功，那么 2021 年微软与动视暴雪的游戏收入就达 210 亿美元，将索尼从第二的位置推向第三，并将苹果从第三的位置推向第四。

对此，Newzoo 高级市场分析师米歇尔·布伊斯曼提出，大规模收购交易的数量和规模是前所未有的，多个收购的价值都超过了 10 亿美元。收购来自四面八方：游戏机平台持有者扩大他们的甲方投资组合，移动广告公司收购游戏工作室以进行垂直整合，3A、2A 游戏发行商进行扩展以实现地域或平台多元化等。

Newzoo 的数据显示，微软并购 ZeniMax 是为了丰富其游戏内容和 Game Pass 的工作；移动游戏发行商并购广告技术公司，以抵消苹果 ATT 带来的隐私挑战（例如 Zynga 收购了 Chartboost）；字节跳动对 Moonton 的并购使其走上了成为核心移动游戏发行商的快车道；索尼并购了一些长期合作伙伴（例如 Bluepoint、Nixxes），以提高其游戏开发和工作效率。2020 年底，索尼推出了 PlayStation 5，而微软推出了 Xbox Series X/S。此后，新游戏主机供应短缺，需求旺盛。尽管存在这些供应限制，两家公司的主机销量都比它们的上一代要好。[①] Newzoo 公开的数据显示，由索尼、微软、任天堂，以及其他第三方内容厂商所构成的主机游戏市场在 2021 年创造了约 492 亿美元的全球收入。

（3）影视。2021 年游戏市场能够增长，离不开电影、电视剧的助力。Newzoo 全球游戏市场报告负责人朱丽安·哈蒂说道："游戏之于 2020 年代的娱乐，就像超级英雄之于 2010 年代一样。《双城之战》（Arcane）和《巫师》

---

① Newzoo. 2021 全球游戏市场报告：规模 1 803 亿美元，手游占比 52%［EB/OL］. 2021 – 12 – 24. https://new.qq.com/rain/a/20211224A0DUXX00.html.

（*The Witcher*）第二季的大获成功都强调了游戏可以在其行业之外激发商业和口碑上的双丰收。随着电影《最后生还者》（*The Last of Us*）、《刺猬索尼克2》（*Sonic the Hedgehog* 2）和《神秘海域》（*Uncharted*）的即将上映，其未来一片光明。……所有迹象都表明，虚幻引擎 5 弥合了电影和游戏之间的差距，为品牌提供了元宇宙拼图的关键部分。"

（4）2021 年的云游戏和 5G。2021 年游戏市场最大的亮点是云游戏，2021 年云游戏市场的收入是 2020 年的两倍多。

Newzoo 市场顾问吉尔赫姆·费尔南德斯分析：云游戏市场已经准备好迎接明年及以后的强劲增长——正如 Newzoo 预测的那样。玩家们努力升级他们的硬件，但至少在 2022 年底之前，很难得到新的设备。许多消费者将寻找其他方式来玩新发行的游戏，而云游戏对这些玩家来说是一个完美的解决方案。

云游戏之所以得到增长，其背后就是 5G 技术场景的落地，越来越多的用户正在使用支持 5G 的设备。公开数据显示，2021 年，全球活跃智能机数量达到 46 亿台（同比增长 5.7%）。其中 15.3% 为 5G 设备，即 7.035 亿台，这意味着全球 5G 智能手机数同比增长了 230.9% [1]。

全球游戏巨大的市场份额可能是微软决策层作出并购决策的动因。微软并购动视暴雪无疑起到了风向标的作用。2022 年 1 月 19 日，A 股云游戏概念早盘走强，迅游科技 20% 涨停，盛天网络、星辉娱乐涨逾 12%，三七互娱、冰川网络、掌趣科技等均大涨。游戏 ETF 涨超 4%，成交额超 2 700 万元。截至 2022 年 1 月 18 日，资金持续加码游戏板块，游戏 ETF 连续 5 天净流入，总额超过 1 亿元。[2] 由此可见，此轮游戏板块的股价大涨，一个重要的原因是，游戏具有虚拟场域，以及玩家的虚拟化身的特征，因此被视为是可能率先实现元宇宙的板块。

---

① Newzoo. 2021 全球游戏市场报告：规模 1 803 亿美元，手游占比 52% ［EB/OL］. 2021－12－24. https://new.qq.com/rain/a/20211224A0DUXX00.html.

② 张赛男，夏馨. 微软天价收购动视暴雪入局元宇宙，云游戏成巨头"军备竞赛"先锋之战？产业链谁最受益？［N］. 21 世纪经济报道，2022－01－19.

《2021年中国游戏产业报告》数据证明了这样的推断。该报告数据显示，2021年，中国游戏市场的销售收入已经接近3 000亿元，同比增长超6%，拉动云游戏行业的产业生态链。《国海证券研报》数据显示，云游戏的产业链包括云游戏开发商和发行商、云计算供应商、云游戏服务商、网络供应商、终端设备提供商等。上游包括游戏开发商（提供内容资源、开发能力强），云计算厂商（拥有IDC资源、提供计算能力支持），软硬件厂商（提供云端的CPU/GPU硬件与软件配套解决方案）；中游为云游戏运营商或系统设备提供商；下游为终端集成厂商，包括移动手机、PC、OTT盒子和游戏主机生产商等。①

按照协同共生的理论，游戏板块的看多，无疑会让内容和硬件设备受益。其中，硬件主要是消费级和行业级的虚拟现实终端，内容主要包括游戏、视频、直播等。媒体披露，A股相关游戏内容提供商有宝通科技、完美世界、吉比特、电魂网络等。在硬件方面，虚拟现实头显设备是重要的输出端口，有相关布局的A股公司有歌尔股份、安洁科技、立讯精密、恺英网络、联合光电等。②

对于元宇宙的商业版图，中国移动通信联合会元宇宙产业委员会执行主任于佳宁介绍："元宇宙的发展始于游戏，但并不局限于游戏。未来，元宇宙有望将前沿数字技术进行集成创新与融合，并应用到全社会的各类场景，不仅包括远程办公、新型文创、数字社交、在线教育、在线医疗、金融科技等领域，也将在智慧城市、智能制造、产业互联、供应链管理等领域中发挥重要作用。"

在现阶段，元宇宙相关的应用场景已有典型案例，主要在工业领域、商业领域、娱乐领域、教育领域、医疗领域及艺术领域等③。见图2–1。

---

① 张赛男，夏馨. 微软天价收购动视暴雪入局元宇宙，云游戏成巨头"军备竞赛"先锋之战？产业链谁最受益？[N].21世纪经济报道，2022–01–19.
② 同上。
③ 清华大学新媒体研究中心.2020—2021年元宇宙发展研究报告［R］.2021–09–16：7–127.

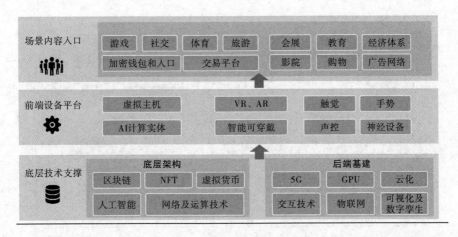

图 2-1 元宇宙相关的应用场景

资料来源：清华大学新媒体研究中心《2020—2021 年元宇宙发展研究报告》。

从元宇宙相关的应用场景可以看到，元宇宙的商业价值巨大，引发的社会效应甚至超出理论界的认知。朱嘉明直言："元宇宙呈现超出想象的爆发力，其背后是相关元宇宙要素的群聚效应，近似 1995 年互联网所经历的群聚效应。"[①] 这样的判断得到市场的印证。在游戏、教育、展览、设计规划、医疗、工业制造、政府公共服务领域，元宇宙的商业价值正在被挖掘。在《2020—2021 年元宇宙发展研究报告》中，清华大学新媒体研究中心将元宇宙的商业生态称为"元宇宙的梯次产业变革"[②]。见图 2-2。

在此轮梯次产业变革中，一些商业公司动作频频：

（1）2021 年 4 月，"史诗游戏"公司对外宣布，将融资的 10 亿美元用于元宇宙技术的开发。随后"史诗游戏"的股值涨至近 300 亿美元。

（2）2021 年 8 月，BAYC、Axie Infinity 等 NFT 领域的事件开始破圈，市场开始关注 NFT 相关的应用。

（3）2021 年 8 月，字节跳动以 90 亿元人民币并购虚拟现实设备厂商

---

① 魏蔚. 巨头沉迷 概念股疯涨，但元宇宙基建仍在路上 [EB/OL]. 2021–11–05. http://tech.china.com.cn/game/2021–11–05/382288.shtml.

② 清华大学新媒体研究中心. 2020—2021 年元宇宙发展研究报告 [R]. 2021–09–16：7–127.

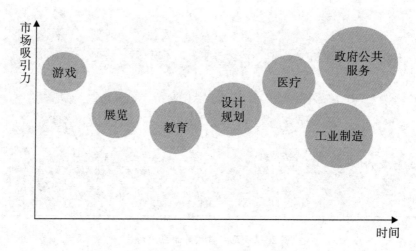

图 2-2　元宇宙的梯次产业变革

"小鸟看看"。

（4）2021 年 8 月，英伟达称 4 月发布会上的创始人兼首席执行官黄仁勋的演讲中有 15 秒是虚拟形象。

（5）腾讯在 2020 年提出"全真互联网"概念，注册"QQ 元宇宙""王者元宇宙"等商标。

（6）据彭博新闻社报道，苹果有望在 2022 年推出全新的 MR 产品。①

中信证券认为，Meta、英伟达、字节跳动、腾讯等领先公司在元宇宙相关的概念上持续布局和推动，加之罗布乐思、史诗游戏、小鸟看看等企业在一、二级市场上的资本活动情况，并伴随 NFT、苹果 MR 产品在 2022 年推出的预期等，共同推动元宇宙概念在年内持续保持热度。②

清华大学新媒体研究中心在《2020—2021 年元宇宙发展研究报告》中提到了"元宇宙企业发展指数"，把开发能力、市场份额、资金状况、品牌影响等要素作为其指数的关键指标（元宇宙企业发展指数 $= 100 \times \sum_{i=1}^{12} W_i \times U_i$ ）。

①　中信证券. 元宇宙深度报告：元宇宙的未来猜想和投资机遇 [R]. 2021-11-02：12-160.
②　同上。

见表 2 - 1[①]。

表 2 - 1　元宇宙企业发展指数

	一级指标	二级指标	数据来源	标准化 U_i	权重 W_i
企业发展指数	开发能力（20%）	研发投入	企业年报	$\ln(X_1+1)$	10%
		新增专利数		$\ln(X_2+1)$	5%
		新增论文数		$\ln(X_3+1)$	5%
	市场份额（30%）	产品市场占有率	企业年报	$\ln(X_4+1)$	30%
	资金状况（30%）	市值	企业年报	$\ln(X_5+1)$	10%
		销售收入		$\ln(X_6+1)$	5%
		净利润		$\ln(X_7+1)$	10%
		融资额		$\ln(X_8+1)$	5%
	品牌影响（20%）	知名度	全网声量	$\ln(X_9+1)$	5%
		美誉度	正面声量占比	$\ln(X_{10}+1)$	10%
		关注度	百度搜索指数	$\ln(X_{11}+1)$	2%
			谷歌趋势	$\ln(X_{12}+1)$	3%

二、元宇宙的七层产业链

2021 年，元宇宙的大幕徐徐开启，Meta、微软、英伟达等多家公司吹响拓展元宇宙相关业务的冲锋号。大型跨国公司的入局，无疑激活了元宇宙生态体系的相关板块业务，同时还催化包括 5G、云计算、物联网、大数据、人工智能等基础设施领域的发展，进一步推动算力需求和数据流量的加速增长。

以 Meta 为例。2021 年，Meta 的资本性支出约为 190 亿美元。然而，2022

---

① 清华大学新媒体研究中心.2020—2021 年元宇宙发展研究报告［R］.2021 - 09 - 16：7 - 127.

年，Meta 的资本性支出增加至 290 亿～340 亿美元，增幅至少超过 50% ①，彰显了 Meta 全力布局元宇宙的战略雄心。见图 2－3。

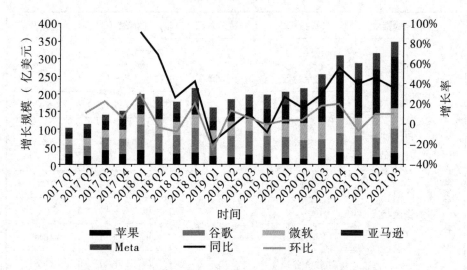

图 2－3　2017Q1—2021Q3 北美云计算巨头的资本性支出

资料来源：各公司公告、民生证券研究院。

在亚洲市场，布局元宇宙的动作不断。媒体披露，2021 年 9 月 30 日至 11 月 15 日，同花顺上元宇宙概念指数累计涨幅达 46.18%，领跑 500 多个同花顺概念指数。与此同时，除相关科技公司外，电信运营商也纷纷开始布局。2021 年 11 月 11 日，中国移动通信联合会元宇宙产业委员会举办揭牌仪式，宣告国内首家元宇宙行业协会正式成立；2021 年 11 月 12 日，在中国电信 5G 创新应用合作论坛上，中国电信旗下公司新国脉公布了元宇宙战略布局，启动 2022 年"盘古计划"。②

对于站在风口上的元宇宙相关应用场景，朱嘉明认为，元宇宙的商业是

---

① 民生证券. 通信行业元宇宙之光：新一轮数据流量投资浪潮风云再起，行业拐点将至 ［R］. 2021－12－23：14－35.

② 同花顺财经网. 元宇宙：是"风口"还是"陷阱" ［EB/OL］. 2021－11－26. https://field.10jqka.com.cn/20211126/c634598710.shtml.

一种更强调非物质状态的商业、更强调时间形态的商业、更强调虚拟模式的商业、更强调消费者参与方式的商业，这些都是和现实世界中的商业不一样的。例如，百事可乐在现实世界中是饮料，饮用的结果是去厕所小便；而百事可乐在元宇宙所要展现的是百事可乐的NFT，是一个观念。所以百事可乐有两个商业模式：一个属于物质和生理层面，满足口欲，是与可口可乐竞争的饮料品牌；另一个是基于精神和美学的商业模式，进军的是以想象力为要素的赛道。总之，元宇宙的此"商业"，绝非传统地球上物理形态的彼"商业"。那么，现实世界中的企业该如何努力构建在元宇宙中的商业前景呢？还是以百事可乐为例，百事可乐是一个经济主体，它将有物理世界和元宇宙世界两种存在形式。但是，这不意味着百事可乐可以把现实世界中的东西移植到元宇宙里去，元宇宙也不是百事可乐打广告的地方。元宇宙的广告，也将是新的、基于高创造性和想象力的模式。此外，耐克、阿迪达斯也开始进军元宇宙，它们也在构建物理性和虚拟性"二元"产品模式。在元宇宙中，企业必须要创造新的产品。企业布局元宇宙的商业机会，一个重要的方向是实现艺术、想象、美学和新数字金融工具的融合。前面所说的百事可乐、耐克、阿迪达斯都尝试创造了元宇宙早期的商业模式，值得肯定。面向未来的布局，有三个产业至关重要：一是智能制造，二是教育，三是文化艺术。①

梳理元宇宙相关的应用场景发现，在元宇宙的产业链中，基础设施、人机交互等硬件技术构建底层基础，使人、虚拟世界、真实世界互联互通变为可能，再通过软件在硬件基础上丰富内容应用，构成了从硬件、技术到内容、应用的"七层产业链"。

（1）基础设施板块涵盖5G、Wi-Fi 6、6G、云计算、7nm到1.4nm芯片、微机电系统、图形处理器等产业链。

（2）人机交互板块涵盖手机，智能眼镜，可穿戴技术，触觉、手势、声

---

① 屈丽丽. 独家对话朱嘉明：元宇宙的商业前景、技术路径和治理规则［N］. 中国经营报，2022－01－22.

控、神经设备等产业链。

（3）去中心化板块涵盖边缘计算、AI 计算实体、微服务、区块链等产业链。

（4）空间计算板块涵盖 3D 引擎、VR/AR/XR、多任务处理 UI、空间地理制图等产业链。

（5）创作者经济板块涵盖设计工具、资本市场、工作流程、商业等产业链。中关村大数据产业联盟秘书长赵国栋则认为，内容领域和运营领域也存在重要机会。赵国栋补充道："在内容领域，数字影视，3D 内容制作，数字资产都已经有企业进行前瞻性布局。而在运营领域，数字人的诞生正给人们带来全新的视野。因为数字人不仅要好看，还要强调运营能力，这样新的商业模式就会出现，好多公司的价值会重新评估。"赵国栋举例道，"以呼叫中心为例，呼叫中心过去定位相对低端，仅仅局限在后台服务，数字人诞生后，其服务的还是呼叫中心的企业，但'人工＋智能'的方式为数字人提供支撑，呼叫中心的定位就变了，它能挖掘用户的需求，从一个被动服务部门变成一个主动服务部门，后台变前台，从而可以产生完全不同的公司价值。"①

（6）发现板块涵盖广告网络、社交、策展、商店、代理商等产业链。

（7）体验板块涵盖游戏、社交、电子竞技、剧院、购物等产业链。

① 屈丽丽. 元宇宙：一场全新的"商业机会版图"［N］. 中国经营报，2022－02－19.

第3章　元宇宙是投资界的下一个风口

梳理发现，这两年的投融资项目中，具有元宇宙相关元素的板块正在被许多企业争抢。2022年初，全球投资界依旧押注元宇宙的相关板块，尤其是游戏板块：2022年1月18日，微软宣布以687亿美元收购美国游戏企业动视暴雪，成为微软也是游戏业界最大金额的一笔并购；2022年1月31日，索尼互动娱乐宣布将以36亿美元收购热门游戏《命运》的开发公司Bungie；一些游戏创业公司也在积极投入元宇宙领域。[①]

对于元宇宙的热度，易股天下集团董事长、华建函数资本CEO易欢欢在接受媒体采访时说道："对投资人来讲，当前显而易见的机会首先是在硬件领域，以眼镜为代表的下一代计算平台每年将以50%以上的增长速度快速普及，其次是与计算平台相关的软件和内容的开发。再次，未来全球化的数字身份和社交关系中也存在投资和创业的机会。……在产业布局方面，我们有一个独创性的总结，叫元宇宙的六大核心技术，即bigbang，俗称'大蚂蚁'，它包括区块链技术（Blockchain）、交互技术（Interactivity）、电子游戏技术（Game）、人工智能技术（AI）、网络及运算技术（Network）、物联网技术（Internet of Things）。企业可以在这些领域提早布局。"[②]

---

① 莫莉. 元宇宙：落子布局须理性［N］. 金融时报, 2022 – 02 – 10.
② 屈丽丽. 元宇宙：一场全新的"商业机会版图"［N］. 中国经营报, 2022 – 02 – 19.

一、与元宇宙相关的投融资

对于与元宇宙相关的投融资问题，中国信息通信研究院云计算与大数据研究所所长何宝宏分析道："在 20 多年研究互联网的历程中，经历了一代又一代的'下一代互联网'，其中有成功的也有失败的。元宇宙只是其中一个历程，并不会成为互联网的尽头，元宇宙的实现不仅仅要靠理念，还需要明确的技术达成时间点。"

在何宝宏看来，元宇宙就是下一代互联网。与何宝宏观点类似的还有马克·扎克伯格。在 Facebook 改名为 Meta 之际，马克·扎克伯格发表公开信再次谈及元宇宙："我们正处于互联网下一章的开端，这也是我们公司的下一章。下一个平台将更加身临其境——一个实体化的互联网，你可以在其中体验，而不仅仅是看着它。我们称之为元宇宙，它将触及我们构建的每一个产品。在元宇宙中，你几乎可以做任何你能想象到的事情——与朋友和家人聚在一起、工作、学习、玩耍、购物、创造，以及收获全新的体验，这些体验与我们今天对电脑或手机的看法不同。在未来，你将能够以全息影像的形式被瞬间传送到办公室，无须通勤，你可以与朋友一起参加音乐会，或在父母的客厅里追赶。无论你住在哪里，这都会带来更多机会。你将能够把更多时间花在对你重要的事情上，减少交通时间，并减少你的碳足迹。想想你今天有多少物理东西，在未来可能只是全息影像。你的电视、带有多台显示器的完美工作装置、棋盘游戏等——它们不是在工厂组装的实物，而是由世界各地的创作者设计的全息影像。你将在不同的设备上体验这些设计——增强现实眼镜可以将现实世界与虚拟世界巧妙融合，虚拟现实设备可以让你完全沉浸其中，身临其境，手机和电脑可以让你从现有平台跳入其中。这不是在屏幕上花费更多时间，这是为了让我们已经花费的时间变得更好。元宇宙不会由一家公司创建。它将由创造者和开发者共同构建，创造可互操作的新体验和数字项目，并开启比受当今平台及其政策所限制的更大的创意经济。我们在此旅程中的作用是加速基础技术、社交平台和创意工具的开发，将元宇宙带入生活，并通过我们的社交媒体应用程序编织这些技术。我们相信元宇宙可以提供比当今存在的任何事物都更好的社交体验，我们将致力帮助挖掘其潜力。隐私和安全需要从第一天开始就融入元宇宙中。开放标准和互操作性也是如此。这不仅需要新颖的技术工作——比如支持社区中的加密和 NFT 项目，还需要新的治理形式。最重要的是，我们需要帮助建立生态系统，以便更多的人在未来得到利益，不仅可以作为消费者而且可以作为创造者从中受益。我们计划以成本价或补贴方式出售我们的设备，以使更多人可以使用它们。我们的目标是在尽可能多的情况下以低费用提供开发者和创作者服务，以便我们最大限度地发挥创意经济的作用。不过，我们需要确保在此过程中不会损失太多钱。我们希望在未来十年内，元宇宙将覆盖 10 亿人，承载数千亿美元的数字商务，并为数百万创作者和开发者提供就业机会。在我们的 DNA（指一种专有识别技术）中，我们构建了将人们聚集在一起的技术。元宇宙是连接人们的下一个前沿，就像我们刚开始时的社交网络一样。'meta'这个词来自希腊语，意思是'超越'。对我来说，它象征着总有更多的东西要建造，故事总有下一章。我们的故事从宿舍开始，故事的发展超越了我们的想象；进入一系列应用程序，人们使用这些应用程序来相互联系、寻找自己的声音，以及开展改变世界的企业、社区和运动。我为我们迄今为止所做的一切感到自豪，我对接下来会发生的事情感到兴奋——因为我们超越了今天的可能，超越了屏幕的限制，超越了距离和物理的限制，每个人都可以彼此相拥，创造新的机会并体验新的事物。这是一个超越任何一家公司的未来，将由我们所有人共同创造。我们已经建立了一些东西，以新的方式将人们聚集在一起。我们与困难的社会问题作斗争，在封闭的平台下生活，并从中吸取了教训。现在是时候利用我们所学的一切来帮助构建下一章了。"

由此可以推断，未来的元宇宙场景潜在的商业价值会吸引成千上万的投资者疯狂入局。根据媒体的披露，元宇宙投融资集中在游戏和开发工具上，仅 GameCreator 融到的资金就达千万元人民币。

从目前投融资的频繁度来分析，元宇宙的投融资重点仍旧是游戏板块。在此轮次的元宇宙热潮中，中国企业也动作不断。2022 年 3 月，MetaApp 就获得 1 亿美元的 C 轮融资，"代码乾坤"获得字节跳动近 1 亿元人民币投资，甚至互联网品牌也在参与，比如米哈游获得 Soul 8 900 万美元的私募配售，主要用于支持 Soul 在元宇宙方面的探索。①

公开资料所示，2015 年 6 月，创始人张璐在上海创办 Soul。2016 年 11 月，Soul App 1.0 正式上线，通过种子用户们自发安利、口碑传播，注册用户数量快速增加。2017 年 11 月，Soul 推荐 2.0 功能上线，实现千人千面的广场和星球，Soul 正式步入算法时代。2018 年 6 月，语音互动功能发布，Soul 跻身"95 后"最受欢迎的社交 App 之一。2018 年 12 月，Soul 的月活跃用户数量突破 1 000 万。2020 年 7 月，Soul 的月活跃用户数量突破 2 000 万。2021 年 1 月，Soul 的月活跃用户数量突破 3 000 万。Soul 成为行业同品类中平均每日活跃用户启动次数、日均发布率和"Z 世代"用户渗透率最高的 App 之一。2021 年 3 月，Soul 的平均每日活跃用户数量达到 910 万。

在元宇宙赛道上，鉴于 XR 设备是元宇宙商业版图的一部分，一些主打虚拟现实、增强现实概念的元宇宙游戏公司可能由此脱颖而出。例如，主打 3D、虚拟现实、增强现实空间概念的 MARK. SPACE，以及可以购买、出售和交易映射到真实世界的虚拟财产的 Upland 在 2019 年完成 200 万美元融资。②

2021 年 10 月 27 日，虚拟现实社交平台 Somnium Space 公布了公司近况以及未来的计划，其中包括投资与合作、新款虚拟现实硬件等。具体来讲，共公布 8 项关键信息：

（1）获得 Gemini Frontier Fund 投资，Winklevoss 兄弟加入顾问团队。

（2）投资虚拟现实体验服开发商 TESLASUIT。

---

① Alpex. 浅谈元宇宙近期投融资动态［EB/OL］. 2022 – 03 – 25. https://www.chinaz.com/2022/0325/1378019.shtml.

② 同上。

（3）投资大视场角虚拟现实头显厂商 VRgineers。

（4）与 VRgineers 合作开发虚拟现实一体机，代号 Somnium Unit 01。

（5）支持 Solana 平台，以及多个区块链平台。

（6）2021 年 12 月举办首届 Somnium Connect 线下发布会，并公布虚拟现实一体机的完整参数、售价和发布信息。

（7）支持虚拟三级土地拍卖。

（8）推出 Quest 客户端、基于 NFT 的 Avatar 系统、钱包、创作者基金。[①]

关于投资 TESLASUIT，Somnium Space 表示："（我们）将与 TESLASUIT 共同探索虚拟现实社交与体感反馈的结合，探索在触觉、音乐、天气、射击等场景的应用。未来，两家公司可能会继续合作，开发专门用于元宇宙社交的新产品。另外，TESLASUIT 也将入驻 Somnium Space 的虚拟购物商场，未来有望在这个虚拟门店中发布新产品，与消费者沟通等。"[②]

除了 Somnium Space，元宇宙相关的游戏领域投资代表还有 0xUniverse、Mythical Games、Decentraland、The Sandbox、MARK. SPACE、High Fidelity、Upland、OVR、Axie Infinity、Alien Worlds，以下为部分代表项目的投融资的基本情况[③]。见表 3 - 1。

表 3 - 1　元宇宙相关的游戏领域投融资项目情况

项目名称	销售总额（美元）	销售数量（个）	治理代币	市值（美元）	简介
Axie Infinity	20 151 263	328 377	AXS	285 527 786	一款收集、饲养古怪小生物的游戏，是最早能够战斗的 NFT 宠物之一

① 青亭网. VR 社交平台 Somnium Space 将与 VRgineers 合作开发 VR 一体机［EB/OL］. 2021 - 10 - 27. https://baijiahao. baidu. com/s?id = 1714753309393518761&wfr = spider&for = pc.

② 同上。

③ Alpex. 浅谈元宇宙近期投融资动态［EB/OL］. 2022 - 03 - 25. https://www. chinaz. com/2022/0325/1378019. shtml.

（续表）

项目名称	销售总额（美元）	销售数量（个）	治理代币	市值（美元）	简介
Decentraland	61 960 340	124 889	MANA	1 298 523 272	基于以太坊的去中心化VR平台，用户可以自由创建环境和场景，已开放虚拟空间
The Sandbox	22 626 514	91 717	SAND	221 235 939	基于以太坊的去中心化游戏平台，玩家可以通过代币创造自己的虚拟世界，如土地、房产等，已开放虚拟空间
Cryptovoxels	10 652 237	8 894	—	—	类似于《我的世界》，是完全开放的沙盒游戏，已开放虚拟空间
Somnium Space	10 204 829	3 580	CUBE	32 163 389	一个社交VR世界，用户可以购买土地或导入对象，塑造虚拟宇宙，已开放虚拟空间
My Crypto Heroes	5 095 238	56 687	MCHC	1 816 721	一款有关历史人物、军队，虚拟战斗的游戏
Vegas City	308 405	103	—	—	Decentraland 中的一个赌场街区
Arcona	90 791	1 985	ARCONA	—	一款虚拟空间游戏，旨在提供AR应用程序开发层
nØshot	6 386	204	—	—	在 Cryptovoxels 土地上开发的游戏

这样频繁的投融资活动，向外界透露出元宇宙自身的商业活力，2021 年仅 3 个月内，与元宇宙相关的海外投资项目就超过 30 个。见表 3 - 2。

表 3 - 2　2021 年 9—11 月与元宇宙相关的海外投资项目①

序号	时间	企业名称	融资轮数/金额	业务范围	投资方
1	11 月 24 日	HaptX	A + + 轮/400 万美元	VR 触觉反馈技术	Crescent Cove Advisors
2	11 月 23 日	Niantic	战略融资/3 亿美元	AR 游戏开发商	Coatue
3	11 月 19 日	PORTL Hologram	A 轮/1 200 万美元	全息技术研发商	领投：True Capital
4	11 月 17 日	Ultraleap	D 轮/8 200 万美元	超声触感技术研发	领投：腾讯、招银国际、CMB 国际
5	11 月 16 日	XTend Reality	A 轮/2 000 万美元	无人机 XR 技术	领投：Chartered Group
6	11 月 15 日	HIKKY	A 轮/5 700 万美元	VR 展会和会议组织	NTT DoCoMo
7	11 月 12 日	Pocket RD	2 500 万元	3D 虚拟形象服务商	Kodansha
8	11 月 11 日	Sandbox VR	B 轮/3 700 万美元	线下 VR 体验中心	领投：Andreessen Horowitz；跟投：阿里巴巴等
9	11 月 9 日	ThreeKit	B 轮/3 500 万美元	提供 3D 渲染方案	领投：Leaders Fund；跟投：ServiceNow、凯捷
10	11 月 9 日	Dispelix	B 轮/3 300 万美元	AR 显示器供应商	领投：Atlantic Bridge；跟投：Flashpoint 等
11	11 月 2 日	Threedium	Pre - A 轮/210 万美元	提供 3D/AR 技术	Seedrs、Collider Investors 等
12	11 月 2 日	NexTech AR	战略融资/500 万加元	AR 技术研发商	未披露
13	10 月 28 日	Brism	A 轮/260 万美元	海外 XR 技术服务	Hashed
14	10 月 27 日	RosieReality	种子轮/220 万美元	AR 体验软件开发	Redalpine Venture Partners
15	10 月 26 日	GreenPark Sports	B 轮/3 100 万美元	VR 游戏开发	领投：Terraform Capital、Galaxy；跟投：Interactive、Sapphire Sport 等

①　徐珊. 元宇宙金钱游戏：谁沾谁火，63 笔融资超百亿 [EB/OL]. 2021 - 12 - 06. https://new: qq. com/rain/a/20211206a0aia800.

（续表）

序号	时间	企业名称	融资轮数/金额	业务范围	投资方
16	10月22日	BehaVR	2 300万美元	VR医疗服务平台	日本住友制药
17	10月22日	TriLite	战略融资/897万美元	投影显示技术	TEC Ventures、Hermann Hauser Investment 等
18	10月21日	Praxis Labs	A轮/1 550万美元	VR培训平台	领投：Norwest Venture Partners 等；跟投：软银机会基金等
19	10月20日	Chimeras	种子轮/200万美元	元宇宙游戏开发商	Master Ventures、AU 21、Poolz、BullPerks、X21、OIG Invest 等
20	10月19日	Lucid Sight	258万美元	云游戏解决方案	领投：Galaxy Interactive；跟投：VamosVentures 等
21	10月15日	Stage11	种子轮/约560万美元	元宇宙音乐平台	Otium Capital
22	10月13日	Party. Space	种子轮/100万美元	元宇宙虚拟活动	TA Ventures、Dayone Capital、Hjalmar Windbladh
23	10月13日	BiPSEE	约216万美元	VR医疗平台	领投：Beyond Next Ventures；跟投：ANRI、Scrum Ventures
24	10月12日	Futures Factory	种子轮/250万美元	AR/VR电商平台	领投：Seedcamp、Stride；跟投：RTP Global、Kima Ventures 等
25	10月12日	Magic Leap	5亿美元	AR眼镜平台	未披露
26	10月9日	SideQuest	种子轮/300万美元	VR平台	Ada Ventures、Connect Ventures、Ascension、SCNE 等
27	10月7日	Echo3D	400万美元	3D游戏和内容技术	领投：Konvoy Ventures；跟投：Remagine Ventures 等
28	10月1日	Glue Collaboration	种子轮/385万美元	AR/VR远程协作	领投：Maki. vc；跟投：Business Finland 等
29	9月30日	3i	A轮/2 400万美元	沉浸式解决方案	SV Investment、YG Investment

（续表）

序号	时间	企业名称	融资轮数/金额	业务范围	投资方
30	9月28日	Ramen VR	A轮/1 000万美元	VR游戏软件研发商	Makers Fund、Anthos Capital、Dune Ventures
31	9月28日	Kawaii Islands	240万美元	VR游戏	领投：MapleBlock、Signum Capital；跟投：DFG等
32	9月28日	Bloktopia	种子轮/420万美元	元宇宙平台	领投：Animoca Brands；跟投：Polygon等
33	9月25日	Matterless	125万美元	AR虚拟宠物平台	Outlier Ventures等
34	9月17日	Room	600万欧元	VR/AR技术平台	bm-t
35	9月7日	Flipspaces	Pre-B轮/200万美元	虚拟现实室内设计	领投：个人投资者Prashasta Seth；跟投：HNI、Carpediem Capital
36	9月3日	CareAR	1 000万美元	AR支持平台	ServiceNow
37	9月1日	Absurdi：joy	种子轮/550万美元	VR游戏	领投：March Capital；跟投：Women in XR等

在中国，元宇宙的火爆吸引了高瓴资本、红杉资本、真格基金、五源资本、险峰长青、晨兴资本、星瀚资本等，它们集中投资在虚拟社交平台、虚拟偶像、游戏等元宇宙赛道。据不完全统计，仅2021年11月，中国本土VR/AR的投融资就多达12笔。其中，鲲游光电完成近4亿元人民币B+轮融资。在游戏板块，2021年虚拟现实、增强现实的投资占比呈现小幅增长趋势（2020年为2.56%，2021年为4.31%）。2022年1月，北京飞天云动科技有限公司向香港证券交易所递交IPO招股书，"元宇宙"就是主要"卖点"。这样的风向足以说明，"元宇宙"已经被视为全球科技界投融资的下一个风口。

中国电子信息产业发展研究院、虚拟现实产业联盟、华为技术有限公司、

北京耐德佳显示技术有限公司共同发布的《虚拟现实产业发展白皮书（2021年)》的数据显示，从投融资金额来看，2021 年 1—9 月全球 VR/AR 产业投融资金额达 407.09 亿元，已超过 2020 年全年投融资总金额（244 亿元）。见图 3－1①。

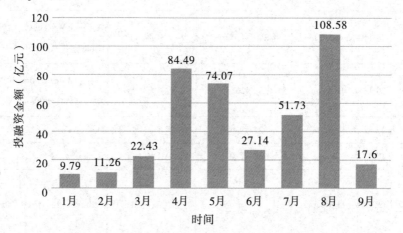

图 3－1　2021 年 1—9 月全球 VR/AR 产业投融资金额

从投融资事件数量来看，2021 年 1—9 月全球 VR/AR 产业共发生 248 起融资并购案例，其中国外投融资并购 158 起，国内投融资并购 90 起，均较 2020 年大幅增长。国内外 VR/AR 产业无论是金额还是数量均达到历史新高。见图 3－2②。

《虚拟现实产业发展白皮书（2021 年)》还提到，按产业链环节来看，硬件、软件和应用环节仍是融资并购的重点环节：

（1）VR/AR 硬件领域，2021 年上半年发生投融资并购事件 50 起，金额为 84.2 亿元。相比 2020 年全球投融资事件共发生 65 起、金额为 91 亿元，事件数量、金额已接近 2020 年全年总额。投融资主要集中在 AR 眼镜、光学器件、传感器，其中光波导作为 AR 眼镜走向消费级轻薄便携形态的关键零部

---

① 中国电子信息产业发展研究院，虚拟现实产业联盟，华为技术有限公司，等．虚拟现实产业发展白皮书（2021 年）[R]. 2021－10：1－89.

② 同上。

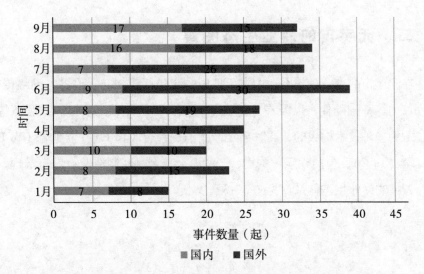

图 3 - 2　2021 年 1—9 月全球 VR/AR 产业投融资事件数量

件，备受资本的关注。语音交互、远程协作等功能开始逐步受到重视，关于声学、3D 设备、操控设备等领域的投融资事件逐渐增多。①

（2）VR/AR 软件领域，2021 年上半年发生投融资并购事件 19 起，金额为 77 亿元，事件数量、金额较 2020 年均明显增长。VR/AR 内容领域，2021 年上半年发生投融资并购事件 32 起，金额为 27.5 亿元。VR 游戏生态逐步进入良性循环，吸引了大量资本入局。②

（3）VR/AR 应用领域，2021 年上半年发生投融资并购事件 48 起，金额为 40.5 亿元。投融资事件集中在教育培训、医疗健康领域，其中 VR/AR 教育培训是当前 VR/AR 应用的主要 B 端落地场景之一，吸引了大量资本关注和投入。VR/AR 技术可以帮助医生更好地开展远程治疗，消费者端更有效地帮助患者康复，健康医疗方面的应用和商业前景广阔。③

---

① 中国电子信息产业发展研究院，虚拟现实产业联盟，华为技术有限公司，等. 虚拟现实产业发展白皮书（2021 年）［R］. 2021 - 10：1 - 89.

② 同上。

③ 同上。

二、元宇宙的商业生态图谱

在元宇宙的商业生态图谱中，呈现出一个包括感知交互设备、网络传输、芯片算力等基础硬件，以及在此基础上，由人工智能、区块链、云服务等核心技术的多种技术构成的，同时还延伸到消费者端（To C）、企业端（To B）、政府端（To G），包括娱乐、购物、远程办公、金融、制造业、城市治理、研发等领域的商业生态体系。见图 3 – 3①。

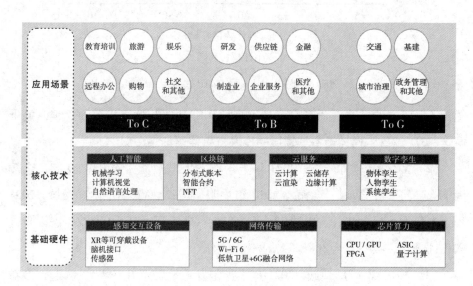

图 3 – 3　元宇宙的商业生态图谱

从图 3 – 3 可以看到，当资本密集地进入元宇宙板块，其自身的资本属性会推动相关板块商业模式的探索，由此催生新的生态体系，最终产生新的业态。当然，由于元宇宙目前尚处于行业发展的初级阶段，从企业来看，无论是底层技术还是应用场景，与未来的成熟形态相比仍有较大差距，这也意味着元宇宙相关产业可拓展的空间巨大。因此，拥有多重优势的数字科技巨头

①　毕马威中国. 初探元宇宙［R］. 2022 – 03：5 – 30.

想要守住市场，数字科技领域初创企业要获得弯道超车的机会，就必须提前布局，甚至加码元宇宙赛道。①

在布局元宇宙的商业生态图谱过程中，不同的投资者和经营者对元宇宙的理解不同，其拓展的业务板块也大相径庭。不同的投资者都倾向于基于自己的投资偏好和自己在市场的洞见和认知进行投资。有的投资者从技术的视角剖析元宇宙发展的方向，倾向于投资虚拟空间；有的投资者从感知视角剖析元宇宙发展的方向，倾向于投资神经元感知的延伸和具化；有的投资者从经济视角剖析元宇宙发展的方向，倾向于投资跨越实体和虚拟的新型数字经济形态。

对比中美投资者容易发现一个有趣的规律，中国投资者更加强调"沉浸式应用"，美国投资者则突出"功能性平台"。根据 Wind 发布的 A 股元宇宙指数，以及对美国元宇宙基金 Roundhill Ball Metaverse ETF 的成分股进行整理分析发现，算力和应用软件是中美投资者共识达成度较高的板块，除此之外，中美投资者布局元宇宙的侧重点存在显著不同。见图 3 - 4。

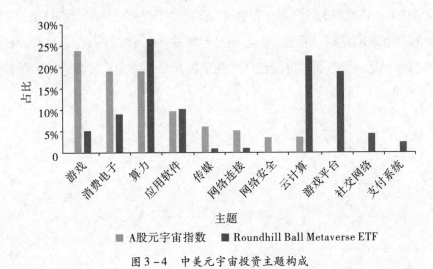

图 3 - 4　中美元宇宙投资主题构成

资料来源：ICBC International，Wind，Roundhill Investment。

---

① 左鹏飞. 元宇宙到底是什么？为何各大数字科技巨头纷纷入局？［N］. 科技日报，2021 - 10 - 30.

工银国际首席经济学家程实的公开数据显示，在 A 股元宇宙指数中，游戏和消费电子（包括但不限于 AR 或 VR）占比分别高达 24% 和 19%，是当之无愧的投资焦点，而在 Roundhill Ball Metaverse ETF 中，两者占比仅为 5% 和 9%。相较具体的元宇宙概念游戏，Roundhill Ball Metaverse ETF 更热衷于投资支持游戏研发的游戏平台，占比达到 19%，而中国 A 股目前尚缺乏成熟的此类标的。此外，A 股元宇宙指数的云计算公司占比仅有 4%，而 Roundhill Ball Metaverse ETF 在云计算上的布局约为 23%。[1]

程实分析道："美国投资者则偏向于认为元宇宙是一个功能性完整的开放经济体，只需构筑好底层设施，内生经济循环即会自发开启。中国投资者更关注短期元宇宙落地的可能，而美国投资者则偏重长线的基础性布局。据此我们也可以判断出，中国元宇宙的应用场景落地速度将更快，爆发期靠前，但伴随技术和模式更迭，可能需要频繁换仓；而美国投资者重点部署元宇宙基础设施与功能性平台，投资回报周期相对较长。"[2]

在程实看来，元宇宙的建设不仅是技术问题，还是社会问题。程实说道："我们认为，目前中美投资者在元宇宙的布局尚不完整。元宇宙不只是更沉浸式的移动互联网复刻，而是一个与现实世界发生交汇的平行虚拟时空，技术上如何实现是一个方面，道德伦理的约束则是另一个左右发展进程的关键变量。"[3] 见表 3-3。

---

① 程实. 元宇宙投资全方位解析［EB/OL］. 2021 - 09 - 23. http://biz. jrj. com. cn/2021/09/23111233504144. shtml.

② 同上。

③ 同上。

表 3 - 3　中美在二级市场的元宇宙布局情况

投资角度	投资标准	投资领域	A 股元宇宙指数	Roundhill Ball Metaverse ETF
技术	由点向实	游戏、消费电子（AR/VR）	重点布局	有所涉及
	由实向虚	数字化身（Avatar）	—	重点布局
道德	弘扬善的连接	开源平台、区块链、数字货币	—	有所涉及
	抑制恶的交互	网络安全、隐私计算、区块链	有所涉及	—

资料来源：ICBC International。

在中国市场上，次世文化的融资情况就可以说明其投资偏好。2022 年 2 月 15 日，虚拟人生态公司——"次世文化"宣布于近期完成 A3 轮融资，由红杉中国独家投资。回顾次世文化的融资可以看到，次世文化曾在 2021 年 3 个月内连续完成两轮超千万美元的融资，投资方包括网易资本、创世伙伴资本（CCV）、顺为资本、动域资本等。见表 3 - 4。

表 3 - 4　次世文化的融资情况①

序号	披露日期	交易金额	融资轮次	投资方
1	2017 年 2 月 16 日	500 万元人民币	天使轮	创世伙伴资本
2	2020 年 10 月 21 日	数百万美元	Pre-A 轮	顺为资本
3	2021 年 7 月 26 日	500 万美元	A 轮	动域资本
4	2021 年 10 月 26 日	数百万美元	A + 轮	网易资本
5	2022 年 2 月 15 日	未披露	A + + 轮	红杉中国

在短短不到一年的时间就获得多轮融资的情况并不太多，尤其是在虚拟人的经营赛道，超过千万美元的融资更是鲜见。

---

①　新浪 VR．一年三轮融资超千万美元，"次世文化"到底什么来头？［EB/OL］．2021 - 11 - 11. https://baijiahao. baidu. com/s? id = 1716100337883126075&wfr = spider&for = pc.

研究发现，成立于 2016 年的次世文化能够获得多家资本机构的认可，主要有两个原因：第一，次世文化自身过硬的业务能力；第二，2021 年以来火爆的"元宇宙"概念。

对于此轮融资，次世文化创始人陈燕介绍说："本轮融资将用于持续提升团队，打造更多全新虚拟人 IP，并对公司已有虚拟人产品矩阵进行全面升级，探索智能化及场景化的更多应用可能。"

与此同时，次世文化也首次公开了全新战略级产品——"VBS 拟人"。陈燕补充说道："VBS 的使命是打造一个用户数字身份生成系统及可通用的开放生态，请大家拭目以待。"

查阅相关资料发现，2018 年，次世文化开始布局"虚拟人"赛道。目前的产品主要有三类：

（1）次世文化为艺人打造"明星虚拟形象"。开创了明星和个人虚拟 IP 联动的行业标杆案例，共计全网流量超 20 亿人次，合作品牌及平台近 20 家。①

从这个角度来分析，明星虚拟形象既可以丰富明星的人设，还可以丰富销售给粉丝的衍生品。更重要的是，给明星在与企业签约代言等内容营销层面提供更加多元的选择方案。

（2）次世文化自主研发了"翎""南梦夏""Ask"等"超写实虚拟人"。自主打造的虚拟人超写实虚拟 KOL（关键意见领袖）"翎"，自 2020 年出现后引领了中国本土市场"超写实虚拟人"风潮。其后打造的虚拟人"阿喜""IMMA""ALiCE"等也获得了业界好评。截至 2021 年 11 月，"翎"已经与特斯拉（Tesla）、奈雪的茶、Keep 以及 Vogue me 等中外知名品牌达成了深度合作。②

---

① 新浪 VR. 一年三轮融资超千万美元，"次世文化"到底什么来头？[EB/OL]. 2021 – 11 – 11. https://baijiahao.baidu.com/s?id=1716100337883126075&wfr=spider&for=pc.

② 同上。

（3）次世文化为 I Do、花西子、伊利等品牌开发"数字 IP 形象"。凭借产品能力，次世文化树立了不错的口碑，其影响力已经达到了行业水准。红杉中国合伙人郑庆生分析说道："尽管元宇宙相关的基础技术在不断发展，但是现阶段我们还处于元宇宙商业模式爆发的前夜，产品和场景的缺乏成为一个明显痛点。我们相信次世文化和创始人陈燕能够更好地推动虚拟人产业的发展，更快地推动元宇宙时代中丰富产品的到来。"

融到资金后的次世文化，将全面开拓虚拟人智能化、场景化。在公告中，次世文化介绍道："本轮融资后，公司除了持续构建多样性的虚拟人 IP 矩阵外，还将全面开拓虚拟人智能化、场景化，以及与包括投资方网易在内的多平台，进行以虚拟人为载体的生态互通。"

究其原因，次世文化是一家具有泛娱乐基因属性的公司。创始人陈燕说道："在虚拟人赛道，我们也要做自己最擅长的事情。现阶段，我们希望用次世文化优势的娱乐创意、审美、内容及运营能力，打造更多大众市场接受并且具有行业标杆位置的头部虚拟娱乐 IP，同时期待与行业中最顶尖的科技公司合作，打造更具门槛及引领未来的数字人产品。"

除了次世文化，在相关的虚拟人等元宇宙板块，2021 年至少有 12 家主营业务含虚拟人、虚拟偶像、虚拟主播的企业由此融资成功。见表 3 - 5。

表 3 - 5 2021 年虚拟人/虚拟偶像投融资情况

公司	融资日期	融资轮次	金额	代表虚拟形象/主营业务	资方
万像文化	2021 年 3 月 30 日	A 轮	数百万美元	虚拟偶像全栈式服务商，将虚拟偶像快速应用于直播带货	海纳亚洲
	2021 年 10 月 9 日	战略融资	数百万美元		保时捷风投
摩塔时空	2021 年 8 月 9 日	天使轮	300 万美元	虚拟偶像产品的研发与运营	育汎文化
半人猫	2021 年 8 月 30 日	天使轮	超千万元人民币	超写实数字人技术、互动数字内容创作	万像文化

（续表）

公司	融资日期	融资轮次	金额	代表虚拟形象/主营业务	资方
云舶科技	2021 年 5 月 10 日	A 轮	数百万美元	软件 AI 技术服务商，主打无穿戴 AI 视频动作捕捉技术，应用于虚拟直播	五岳资本
	2021 年 7 月 26 日	A＋轮	数百万美元		创世伙伴资本、五岳资本
中科深智	2021 年 1 月 28 日	A 轮	数千万元人民币	深度聚焦全栈式实时动画和虚拟直播技术，服务 IP 包括"一禅小和尚""萌芽熊""僵小鱼"等	金沙江创投、MYEG Capital、盛景嘉成
乐华娱乐	2021 年 7 月 19 日	战略融资	—	虚拟偶像团体 A－SOUL	字节跳动、阿里影业、CMC 资本、坤伶网络
次世文化	2021 年 7 月 26 日	A 轮	500 万美元	"翎""韬斯曼"	创世伙伴资本、顺为资本
	2021 年 10 月 26 日	A＋轮	数百万美元		网易资本、动域资本、顺为资本、创世伙伴资本
虚拟影业	2021 年 9 月 29 日	Pre-A 轮	超千万元人民币	动漫 IP 运营、虚拟形象孵化服务商、旗下有虚拟角色"虚拟鹤追"	峰瑞资本
燃麦科技	2021 年 6 月 25 日	Pre-A 轮	数百万元人民币	超写实数字人孵化，目前已推出"AYAYI""男孩"等	万像文化
杭州看潮信息	2021 年 6 月 3 日	—	—	A－SOUL 成员的作品著作权	游逸科技

（续表）

公司	融资日期	融资轮次	金额	代表虚拟形象/主营业务	资方
Genies	2021 年 5 月 7 日	B 轮	6 500 万美元	开发可供用户自定义的虚拟化身系统	NEA、Breyer Capital、Tull Investment Group、网易资本等
IMVU	2021 年 1 月 26 日	战略融资	3 500 万美元	虚拟人社区	网易资本、Structured Capital

注：1. 三文娱整理。

　　2. 数据来源：企查查与网络。

　　3. 统计时间截至 2021 年 10 月 31 日。

除了资本的热捧，各方政策也在支持虚拟娱乐产业的发展。例如，2021年 10 月 20 日，国家广播电视总局发文推动虚拟主播广泛应用于新闻播报、天气预报、综艺科教等节目生产。在"Z 世代"互联网用户中，这种追求产品背后符号意义的现象可能更为突出，这也是付费游戏能够崛起，元宇宙、NFT 等概念得以迅速普及的原因所在。[1]　正如法国社会学家让·鲍德里亚所言："人的消费行为不只是基于商品的使用价值，更是追求产品背后的符号意义。"

---

[1]　新浪 VR. 一年三轮融资超千万美元，"次世文化"到底什么来头？［EB/OL］. 2021 –11 –11. https://baijiahao. baidu. com/s?id = 1716100337883126075&wfr = spider&for = pc.

第二部分
新基建驱动元宇宙

元宇宙是构建在人工智能、大数据、云计算、区块链等数字化技术逐渐成熟、融合推动的基础之上，是数字化发展到高级阶段的产物。元宇宙的产业链很长，各地积极布局元宇宙，将给整个产业链上的相关企业带来新的发展机遇。

——360集团创始人　周鸿祎

第4章 5G 为元宇宙提供数据传输通道

深度体验元宇宙场景，需要满足3个条件：

（1）实时交互所需的低时延。

（2）渲染重构虚拟世界中的画面，以及 VR、AR、MR 等 XR 移动设备的超大带宽。

（3）沉浸感。这与5G 移动通信技术的超大容量、超高带宽、超低时延、超大连接特性高度吻合。随着元宇宙相关生态技术的逐渐普及，要产生更深度的沉浸感就需要元宇宙全产业链的协同发力。其中，5G 移动通信技术将支持泛在千兆、毫秒级时延的网络基础设施，这是非常关键的一环。另外，目前基于5G 的杀手级应用还未出现，5G 市场需求度和渗透率还不高。元宇宙有可能以其丰富的内容与强大的社交属性打开5G 的大众需求缺口，提升5G 移动通信网络的覆盖率。因此，5G 移动通信技术将为元宇宙提供网络基础设施支撑，元宇宙将为5G 网络技术的发展提供新的杀手级应用场景①，同时激发5G 的商业潜力。

民生证券发布的《元宇宙之耳：5G 无线通信有望在多个景气度行业全面开花》的数据显示，截至2021 年10 月，中国移动、中国联通、中国电信三大运营商的5G 用户规模已达到6.7 亿人，环比增长7.0%，较2021 年1 月的3.4 亿人净增3.3 亿人，中国5G 渗透率已提升至40% 以上。在5G 商用化浪潮下，云计算、物联网发展迅速，元宇宙等新兴行业赛道也逐渐成为移动互联网流量高速增长的主力驱动因素。《爱立信移动报告》的数据显示，2021

---

① 龚才春. 中国元宇宙白皮书［R］. 2022 – 01 – 26：171 – 538.

年前 3 季度全球移动数据流量达到 78EB/月，同比增长 42%；2021 年前 3 季度中国移动互联网流量累计达到 1 810 亿 GB，同比增长 35.3%。短期来看，5G 低速大连接部分所使用的标准实际上延续的是 4G 的 NB - IoT 和 eMTC，中速率部分则靠 LTECat. 1[①] 支撑，中低速 5G 并未实现全域覆盖；长期来看，精简化、定制化的 5G 模组能够协助 5G 规模化应用。[②]

一、网络传输决定元宇宙产品的深度体验

元宇宙生态体系的构建，需要有一系列的"硬技术"作为底层基础，尤其需要后端基建，包括 5G 通信网络、互联网数据中心（IDC）、算力与算法等技术支持。见图 4 - 1[③]。

究其原因，5G 是对现有移动通信系统的全面革新，是人工智能、云计算等新技术在未来大展拳脚的基础，将为元宇宙提供高速、低时延的数据传输通道，[④] 引发新一轮的新型基础设施建设热潮。

从图 4 - 1 不难发现，网络传输决定元宇宙产品自身的体验。毕马威中国发布的《初探元宇宙》数据显示：目前主流消费级 XR 设备分辨率均为 2K，部分可达到 4K 分辨率，但距离理想元宇宙终端所需的至少 8K 的分辨率还有一定距离。4K 分辨率下，经 H. 265 标准压缩比压缩后，4K 内容需要的理论传输速率在每秒 12 兆到 40 兆之间。中国信息通信研究院 2021 年调研数据显示，中国 4G 移动网络在重点城市场景中的实际数据下载速率整体稳定在每秒

---

① 英文全称为 Long Term Evolution Category 1（长期演进技术类别 1），是一种众所周知的 LTE 标准，广泛应用于全球物联网通信行业。

② 民生证券. 元宇宙之耳：5G 无线通信有望在多个景气度行业全面开花［R］. 2022 - 01 - 11：3 - 30.

③ 北京大学汇丰商学院商业模式研究中心，安信证券元宇宙研究院. 元宇宙 2022——蓄积的力量［R］. 2022 - 01 - 01：6 - 200.

④ 同上。

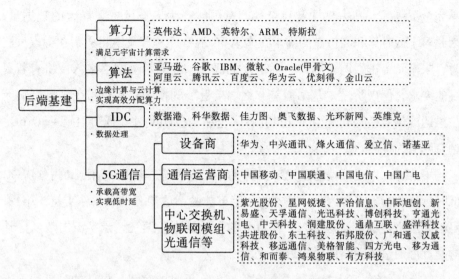

图 4 - 1　后端基建的要素组成

40 兆到 80 兆之间，5G 移动网络在各重点路段平均下载速率整体稳定在每秒 600 兆至 1 000 兆之间，可以满足移动 4K 分辨率 XR 设备对于网络带宽的要求。8K 的分辨率是 7 680 × 4 320，是 4K 分辨率的 4 倍，经 H. 265 标准压缩比压缩后，8K 内容需要的理论传输速率约为每秒 288 兆至 960 兆，远高于目前中国 4G 移动互联网的平均下载速度。①

　　该报告还提到，在我国主要铺设的 5G Sub - 6 网络下，网络下载速率理论峰值可达到 2 000 兆左右，处理 8K 分辨率的 XR 设备数据吞吐量较为可行。5G 网络除了高带宽的特点契合未来 XR 设备的发展方向外，其低时延、可处理海量连接的特性也为元宇宙虚拟世界与现实之间超大型高质量交互提供了可能性，因此 5G 网络尤其是 5G 终端的普及和基站的覆盖率对于满足现阶段 XR 设备无线化、轻量化需求起着决定性作用。我国 5G 终端用户已达 4.5 亿人，5G 基站约 115 万个，地级市和超过 97% 的县城城区实现 5G 网络覆盖，为我国发展元宇宙基础网络建设打下了坚实的基础。展望未来，元宇宙由于

①　毕马威中国. 初探元宇宙［R］. 2022 - 03：5 - 30.

其完全沉浸感、高仿真性及复杂性，有可能产生人类历史上最大的数据量，因此对于低时延和高带宽的需求在未来 6G 的推广和普及中将成为关键点，同时，未来元宇宙强调"随时、随地"的概念，因此对于网络接入性将有着更高的要求，但现阶段"基站覆盖＋终端接受"的模式存在信号受地域影响无法触达或信号差等问题，因此世界各国也在积极开展对"低轨卫星＋5G/6G"融合网络的探索。①

事实上，完全沉浸感是元宇宙需要解决的问题，即随时随地的高分辨率、低时延画面传输将作为一个基本的元宇宙体验，这要有以下条件支持：第一，足够的网络传输带宽；第二，尽量少的画面延迟；第三，元宇宙内数以亿计的交互用户量级网络传输的可靠性。

5G 网络具备三大特点——极高的速率、极大的容量、极低的时延，不论是从移动网络的速度、容量还是稳定性角度，都将极大地改变人类的工作与生活。截至 2014 年 10 月底，5G 的愿景大体成型，其中关键能力指标经讨论达成一致。如表 4－1 所示。

表 4－1　国际电信联盟（ITU）给出的 5G 八项关键能力指标

关键能力指标项	关键能力指标定义	关键能力指标值
用户体验数据速率	真实网络环境下用户可获得的最低传输速率	100Mbit/s ～ 1Gbit/s
峰值数据速率	单用户可获取的最高传输速率	10 ～ 50Gbit/s
移动性	满足一定性能要求时，收发双方之间的最大相对移动速度	500km/h
时延（空中接口）	数据包从出现在基站 IP 层到出现在终端 IP 层的时间	1ms（空中接口）

①　毕马威中国. 初探元宇宙［R］. 2022－03：5－30.

（续表）

关键能力指标项	关键能力指标定义	关键能力指标值
连接密度	单位面积上支持的在线设备总和	$10^6 \sim 10^7$ 个/km² 或使用一个相对值
能量效率	每焦耳网络能量所能传输的比特数	网络侧：至少比 4G（IMT-Advanced）提升 50～100 倍，须进一步讨论
频谱效率	每小区或单位面积内，单位频谱资源所提供的所有用户吞吐量的和	比 4G（IMT-Advanced）提升 5 倍
业务量密度/区域流量容量	单位面积区域内所有用户的数据流量	1～10TB/(s·km²)；或 10Tbps/km² 或使用一个相对值，须进一步讨论

资料来源：中国无线电管理网《全球 5G 研发总体情况——10 分钟读懂 5G》。

英国萨里大学 5G 研发中心负责人拉希姆·塔法佐利教授认为，5G 数据传输速度最终可以达到惊人的 800Gbps，比现有测试的最新技术快 100 倍。

1Gbps 的网速意味着不到半分钟就可以下载一部高清电影，那么 800Gpbs 的速度相当于 1 秒钟可以下载 33 部高清电影。这样的改变是颠覆性的，不仅可以用在网络通信方面，还将应用到军事、娱乐、设计、展览、教育、工业、医疗、旅游等领域。

中国信息通信研究院发布的《中国 5G 发展和经济社会影响白皮书（2021年）》介绍了 5G 的相关信息，5G 移动通信技术在提升峰值数据速率、移动性、时延和频谱效率等传统指标的基础上，新增了用户体验数据速率、连接密度、业务量密度和能量效率四个关键能力指标。见图 4-2。

该报告还介绍了 5G 的相关参数，5G 用户体验速率可达 100Mbps 至1Gbps，支持移动虚拟现实等极致业务体验；连接数密度可达 100 万个/km²，

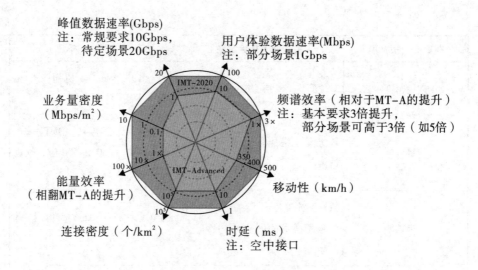

图 4-2　5G 与 4G 关键能力对比

资料来源：中国信息通信研究院。

有效支持海量的物联网设备接入；流量密度可达 10Mbps/m²，支持未来千倍以上移动业务流量增长；传输时延可达毫秒量级，满足车联网和工业控制的严苛要求。

正因为拥有如此卓越的性能，5G 技术已成为经济社会数字化转型的一个关键催化器。在元宇宙时代，5G 与云计算、大数据、人工智能、虚拟增强现实等技术深度融合，不仅形成人与人之间的连接，也形成人与万物、万物与万物的连接，这将产生积极的效应：第一，5G 技术解决用户超高清视频、下一代社交网络、浸入式游戏等的业务体验问题，使用户更加身临其境，有效地推动人类交互方式体验的再次升级。第二，5G 技术支持海量的机器通信，以智慧城市、智能家居等为代表的典型应用场景届时与移动通信深度融合，其设备规模将达到千亿量级。

二、元宇宙元素将释放 5G 的商业潜力

鉴于丰富的应用场景，元宇宙对 5G 通信，尤其是网络带宽提出了更高的要求，同时也将释放 5G 的商业潜力。

第一，元宇宙驱动新基建的新一轮"风口"发展，同时在物联网、交互、电子游戏、人工智能、网络及运算、区块链等相关生态的边界扩张。见图 4 - 3①。

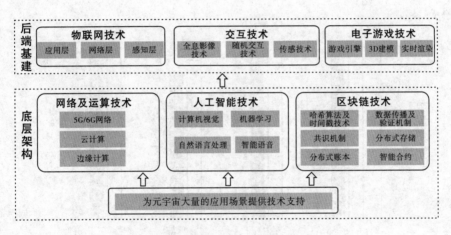

图 4 - 3 元宇宙支撑技术多维拓展

第二，随着 5G 产业链的快速延伸，设备厂商也正在加速竞争调整。自 2019 年商用以来，全球 5G 业务稳步推进。截至 2021 年 8 月底，全球已有 70 个国家/地区的 176 家运营商宣称开始提供 5G 业务，其中欧洲 82 家，亚洲 58 家，美洲 23 家。Omdia 数据显示，2021 年上半年，全球 5G 无线接入设备市场规模达到 133 亿美元，比上年同期增长了 43%，其中中国贡献了全球市场的 44%。②

①　清华大学新媒体研究中心. 2020—2021 年元宇宙发展研究报告［R］. 2021 - 09 - 16：7 - 127.
②　中国信息通信研究院. 5G 经济社会影响白皮书［R］. 2021 - 12：6 - 39.

中国信息通信研究院发布的《中国 5G 发展和经济社会影响白皮书（2021年）》数据显示，截至 2021 年 9 月底，中国累计开通 5G 基站超 115 万个，平均每万人 5G 基站数 8.2 个，5G 基站数量占 4G 基站数量的 20%，占全球 5G 基站数的 70% 以上。5G 网络覆盖全国所有地级市、97% 以上的县城城区和 40% 以上的乡镇镇区。全国已有超过 2 900 个县级行政区开通 5G 网络，29 个省份实现了县县通 5G 网络。5G 网络建设呈现出东部沿海领先于内陆地区、南方领先于北方的特点。东部地区累计建设开通 5G 基站 56.9 万个。东部、中部、东北区域县城 5G 覆盖比例均已达到 100%，西部区域为 94%。见图 4-4。

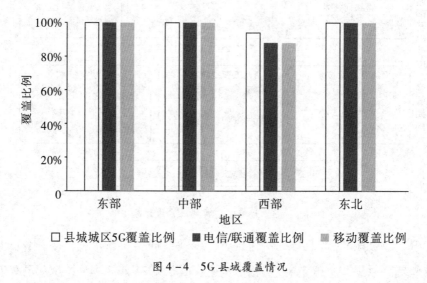

图 4-4 5G 县域覆盖情况

资料来源：中国信息通信研究院。

这份报告还提到，除中国外，亚洲其他地区、美国、欧洲以及中东地区也是推动市场规模增长的重要力量。中国企业占据全球市场过半份额，但海外市场受阻。根据 Omdia 数据，2021 年上半年，华为以 35.2% 的市场份额稳居第一，爱立信、中兴、诺基亚、三星分别以 21.5%、16.4%、12.1%、9.1% 位列第二至第五位。从全球移动基础设施建设市场占有率来看，2021 年上半年华为继续保持领先位置，爱立信、诺基亚、中兴、三星分列第二至第五位。值得注意的是，剔除中国市场后，华为、中兴仅占全球市场份额的 15.1% 和 3.69%，分列第四和第六，而爱立信、诺基亚、三星、富士通则分别以 33.9%、21.5%、16.3%、4.4% 位列第一、二、三和五位。见图 4-5。

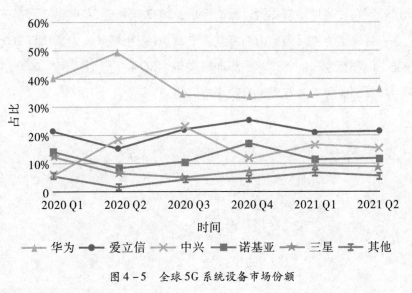

图 4-5　全球 5G 系统设备市场份额

资料来源：Omdia。

第三，中国政府实施从"中国制造"向"中国智造"转型的国家战略。赛迪研究院工业经济研究所副所长韩建飞介绍道："各地将以新一轮 5G 建设为核心，布局工业互联网、大数据、云计算等，开展大数据应用试点示范，聚焦重点行业加速推进'5G + 工业互联网'应用，提升企业数字技术应用能力，推动经济转型升级。"① 在韩建飞看来，5G 网络的建设必然赋能各行各业的数字化转型，提升其竞争力。

2021 年 11 月 1 日，工业和信息化部印发《"十四五"信息通信行业发展规划》，其中明确提出，到 2025 年，基本建成高速泛在、集成互联、智能绿色、安全可靠的新型数字基础设施。作为夯实数字经济发展基础、扩大有效

①　李芃达. 各地政府工作报告明确发力重点——"新基建"成经济增长重要引擎［N］. 经济日报. 2022 - 02 - 16.

投资的有效手段，"新基建"被多次写入各地 2022 年政府工作报告中，成为打造新经济增长引擎的重要抓手。①

5G 作为数字化转型基础，且发挥着链接其他"新基建"的纽带作用，其网络建设正在被各地政府加强。云南提出，2022 年新建 5G 基站 2 万个，河南则将这一目标定为 4 万个；山西将继续丰富 5G 应用场景，力争培育 200 户以上智能工厂和智能车间；江苏则瞄准国家级"5G + 工业互联网"融合应用先导区，推动国家级工业互联网双跨平台落户。②

① 李芃达. 各地政府工作报告明确发力重点——"新基建"成经济增长重要引擎 [N]. 经济日报, 2022 – 02 – 16.
② 同上。

第5章 人工智能高效解决交互的效率问题

元宇宙之所以被视为下一代互联网，是因为元宇宙融合了区块链、5G、VR、AR、人工智能、物联网、大数据等前沿数字技术。

对于如何真正地打开元宇宙的大门，横琴数链数字金融研究院学术与技术委员会主席朱嘉明在接受媒体采访时坦言，要有三个方面的核心技术：一要有新能源，二要有新算力，三要有人工智能3.0。[1] 因为元宇宙最终是靠能源支撑的，元宇宙的运行需要大量的能源供应，而现在的传统能源不足以支撑将来爆炸性的元宇宙的发展。同时，现在的算力也跟不上。只有量子计算的算力可以支持元宇宙。最后，运行元宇宙的主体将不是人类，而是人工智能。所以，新能源、新算力和新人工智能的结合，才能最终全面启动元宇宙，支持元宇宙的发育和成长。

在朱嘉明看来，人工智能在元宇宙中的作用非常重要。原因是元宇宙重构了用户的感官体验维度和交互内容、交互对象的生成及驱动方式。

（1）元宇宙重构了人的感官体验维度。北京大学汇丰商学院商业模式研究中心、安信证券元宇宙研究院在《元宇宙2022——蓄积的力量》报告中提到，元宇宙的本质体现在如下方面：一是数字化人的感官体验——不仅是视觉、听觉，也包括触觉、味觉、嗅觉等。二是作用于人的三个维度——时间、空间、体验。正如电影《黑客帝国》《盗梦空间》之中描绘的那样，元宇宙的核心逻辑是把我们身上所有的眼、耳、鼻、舌、身、意等感官数字化，让感官体验在虚拟世界之中与现实世界几乎没有差别，这也是元宇宙投资的核

---

[1] 屈丽丽. 元宇宙：一场全新的"商业机会版图"［N］. 中国经营报，2022 – 02 – 21.

心逻辑——所思即所见、所见即所得。元宇宙里人的感官体验高度"仿真"，即在体验感上与现实是一样的，若感官体验在虚拟中与现实中几乎无差异，虚拟与现实的差异就只限于概念与词语；元宇宙中的所有体验都能与现实世界互通，那么元宇宙和现实宇宙就能无缝衔接。①

（2）元宇宙重构了交互内容、交互对象的生成及驱动方式。《元宇宙2022——蓄积的力量》中指出，在传统互联网中，交互的内容/对象基本上都是由真实的人（软件工程师、创作者等）设计与渲染出来的，但在元宇宙时代，人工智能生成内容是元宇宙概念下的一大新增生产要素，人工智能会大量存在于供给、需求的各个环节，体现为：①人工智能生产的内容可以满足大量实时交互的需求。与互联网时代的被动消费内容不同，元宇宙中的用户会更加积极地参与叙事，增加情感的投入，以此产生大量实时交互的需求，在强大的算力支撑下，元宇宙重塑了内容的生成与叙事方式。就如同游戏《黑客帝国：觉醒》，Epic Games 并没有将其仅定义为一款游戏，而是打上"探索虚幻引擎 5 带来的交互式叙事与娱乐的未来"的标签。② 人工智能生产的内容可以满足沉浸式交互需求。元宇宙的互动内容是动态、身临其境的，尤其涉及观众可以与之交互的角色时，用人工智能技术提供交互式叙事已经成为一大趋势。人工智能技术驱动的内容创作能够减少媒体制作与后期制作的成本、时间，给创作者提供全新的数字体验。

由此看出，人工智能在元宇宙场景中的应用非常广泛，不仅有助于创建元宇宙资产、艺术品和其他内容（AIGC），还可以改进以此构建所有相关内容的软件和流程。除此之外，元宇宙的载体仍需要多项复杂的技术。例如，提升元宇宙的真实深度体验，优化 GPU 的图像处理技术；依赖物联网的渗透，未来汽车、家电等物联终端也可成为元宇宙接口。②

---

① 北京大学汇丰商学院商业模式研究中心，安信证券元宇宙研究院. 元宇宙 2022——蓄积的力量 ［R］. 2022 - 01 - 01：6 - 200.

② 东方证券. 十问元宇宙：如何将抽象的概念具象化? ——元宇宙深度报告 ［R］. 2021 - 11 - 11：11 - 89.

一、驱动中国人工智能发展的机遇

体验元宇宙世界，最本质的核心问题是交互，让用户身临其境，满足其沉浸式体验的需求。作为虚拟平行世界的元宇宙，需要包含现实世界中的所有元素。在交互的过程中，爆炸式增长的海量数据，会影响其沉浸式体验的效率。这需要人工智能提供精准的算力和算法，有效地解决交互的效率问题。

第一，算力。元宇宙的沉浸式体验需要持续、巨量的数据计算，因而需通过提升算力规模、算力能力等，来解决数据算力需求的问题。

当前的 5G 网络和算力水平是否能够支撑元宇宙建设？中国信息通信研究院云计算与大数据研究所副总工程师王蕴韬在接受央广网采访时说道："据专家测算，若要实现理想中的元宇宙应用，算力需求至少是现有算力的 1 000 倍以上。从技术角度来看，5G 网络更多的是解决了面向用户的'最后一公里'问题，而元宇宙世界的应用则对全程全网的数据传输能力及算力调度能力提出更高的需求，这不但需要单点技术、单点能力的持续提升，更需要通信、存储、计算等技术的融合创新。对于算力来说，元宇宙所需算力对图形图像、人工智能、区块链等的专属算力需求恐将指数级提升，而前期围绕通用算力构建的算力体系无论是在技术能力，还是在经济性上，都已经无法有效满足这些算力的需求，因此如何做好更为经济划算的专属算力建设，用好已有的通用基础算力，做好通用算力和专用算力的统筹协调发展，是下一步算力建设的重中之重。"①

在王蕴韬看来，网络快、算力高是元宇宙的基础条件，只有二者有机融合，统筹协作，才能发挥最大效益，否则将面临"木桶原理"的窘境，造成资源浪费。而二者的融合不仅仅是技术的融合，更需要标准化的打通、产业

---

① 央广网. 网络和算力是元宇宙最基本的保障要素 ［EB/OL］. 2022 – 05 – 24. http://tech. cnr. cn/techds/20220524/t20220524_ 525835796. shtml.

生态的重构，是一项需要提前布局、统筹协调、长期规划的大事。王蕴韬说道："科研难题是比产业化应用更为超前的难题，在我看来主要有以下几个方面。一是网络及算力资源的统筹难题。网络技术体系及架构是围绕人来构建的，算力技术体系及架构是围绕数据来构建的，这意味着两大体系在构建之初就存在着差异。如何将已有网络架构从满足人群通信，向兼顾数据与人群通信进行演进，尤其在东数西算大背景下，如何加强低密度人群网络能力建设，是需要统筹解决的问题。二是泛在网络与低时延网络之间的矛盾问题。低时延网络要求通信节点两端尽可能实现直联，从而最大限度地减少包括寻址、交换等操作带来的时延，而泛在的网络则需要体系化的设计，若全部采用扁平的网状网络实现泛在的全覆盖，其建网成本及运维成本将是非常巨大的。因此，如何根据实际应用场景妥善处理好这两项要求之间的关系，十分重要。三是将'能用'的算力资源转化为'好用'的算力服务的难题。算力只有从理论能力转化为真正能够赋能生产生活的服务，才算得上是'好用'的算力。而由于对于异构算力的统筹调度能力不足，对于应用场景的数字化能力缺失，基于算力设施，提供'好用'的算力服务还有很大的提升空间。这两大能力（网络和算力）是元宇宙应用的最基本保障要素。元宇宙沉浸式体验离不开计算机图形图像算力的支撑，也离不开低延时网络的服务；分布式系统需要强大的区块链算力和互联互通的区块链网络；智能化平台需要强大的人工智能算力和泛在通达的网络链接，网络和算力的能力直接决定了元宇宙应用的深度和广度，元宇宙应用也同样对于网络和算力的能力提出了全新的目标和需求。"①

　　海量的数据需要高效的算力，由此激发数据板块的潜力。对此，国际数据公司（International Data Corporation，简称 IDC）中国新兴科技研究组分析师王丽萌认为，随着互联网经济的升级和发展加速，政府、企业等终端用户

---

① 央广网. 网络和算力是元宇宙最基本的保障要素 ［EB/OL］. 2022－05－24. http://tech. cnr. cn/techds/20220524/t20220524_ 525835796. shtml.

正在广泛开展数字化转型，完善数据全生命周期管理，运用大数据和分析解决方案提升管理决策水平、改善内外部用户体验、支持创新应用，中国大数据市场支出将在五年内稳定增长。

对于未来的数据市场，IDC 的预测比较乐观。IDC 称，2025 年，中国大数据市场的规模将超过 250 亿美元，而且还将呈现出强劲的增长势头。IDC 发布的公开报告数据显示，在五年预测期内，中国终端用户对大数据硬件、软件、服务的支出分布相对平均——与美国等区域不同，中国大数据市场的软件订阅制服务占比较低，本地部署及私有云模式仍需要采购大量硬件设备。至 2025 年，硬件预计将吸收中国大数据市场约 40% 的投资规模，超过软件和服务，增长稳定；大数据软件市场占比将逐年提升，2025 年超 30% 的市场支出将流向软件，五年复合年均增长率（CAGR）达到 26.7%。

在大数据行业应用的市场板块，IDC 持续追踪了 19 个行业，其商业潜力非常巨大。IDC 的报告预测，2025 年，政府、通信、制造及银行将占中国 55% 以上的大数据 IT 支出。当然，由于规模大小、行业和区域的终端用户在内部的数字化能力不同，保险、通信、政府等行业的发展潜力依旧可观。

第二，算法。元宇宙巨大的实时数据交互需要人工智能提供精准的算法。《元宇宙 2022——蓄积的力量》报告中提出，边缘计算与云计算实现高效分配算力。算法的重要性在于：

（1）元宇宙时代的数据量级极高，硬件入口为了能够处理数字化的场景，需要非常强大的数据运算能力的支撑。

（2）以 VR 为代表的硬件也需要追求沉浸感，这潜在要求设备的轻便化，也限制了其所能承载的最大运算能力。[1]

元宇宙的场景需求已经涌现，这为驱动中国人工智能的发展带来前所未有的机遇：一是人工智能为元宇宙大量的应用场景提供技术支撑，其在元宇

---

① 北京大学汇丰商学院商业模式研究中心，安信证券元宇宙研究院. 元宇宙 2022——蓄积的力量 [R]. 2022 - 01 - 01：6 - 200.

宙中扮演的角色可谓举足轻重，其应用主要集中在智能语音、自然语言处理（NLP）、机器学习和计算机视觉四个方面。二是人工智能为元宇宙中用户与用户、用户与系统、不同系统之间的沟通与交流提供了技术理论和应用框架。具体应用包括：通过自然语言处理人机之间的交流与沟通，在增强实时沟通效率的同时弱化系统 NPC 的机器属性；通过智能语音算法，实现不同语言玩家之间的无障碍交流；通过海量数据进行机器学习，训练人工智能进行内容创作，从而达到从 UGC 和 PGC 到 AIGC 的转变。[①]

二、人工智能的三个维度

元宇宙相关业态的商业潜力，加速中国企业在相关领域的技术国产化。随着国产化进度的加快，中国在人工智能领域有巨大的发展机遇。IDC 中国新兴科技研究部高级分析师程荫分析道："新一代人工智能、数字经济和新基建驱动了产业智能化的发展，加速了企业实现数字化转型和智能化升级，行业企业已经在多个业务领域注入了人工智能技术，未来五年内中国 AI 支出还将持续增长，人工智能技术将为企业内部的降本增效、客户体验提升带来更多实际的业务价值。"

2021 年 8 月，IDC 发布《2021 年 V2 全球人工智能支出指南》。报告数据预测，全球人工智能市场支出将在 2021 年达到 850 亿美元，并在 2025 年增至 2 000 亿美元，五年复合年均增长率约为 23.9%。2025 年，全球约 8% 的人工智能相关支出将来自中国市场，市场规模在全球九个区域中位列第三。[②]

在报告中，IDC 提及人工智能被纳入"十四五"规划纲要："'十四五'规划纲要将'新一代人工智能'作为议题重点提及，加上新基建、数字经济

---

① 毕马威中国. 初探元宇宙 [R]. 2022 - 03：5 - 30.

② IDC. 2025 年中国人工智能市场总规模将超过 160 亿美元 [EB/OL]. 2021 - 08 - 30. https://www.idc.com/getdoc.jsp?containerId = prCHC48196321.

在内的持续利好政策的推动，中国人工智能市场将稳步发展。根据最新预测，2021年，中国在人工智能市场的支出规模将达到82亿美元。2021—2025年的五年预测期内，中国市场人工智能相关支出总量将以18%左右的复合年均增长率增长，有望在2025年超过160亿美元。"见图5-2。

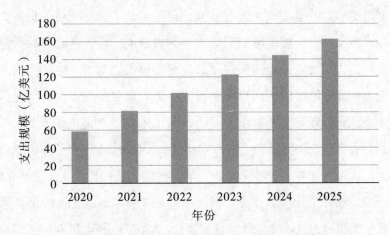

图5-2 2020—2025年中国人工智能市场支出预测

资料来源：IDC中国，2021。

众所周知，中国人工智能的巨大商业潜能体现在三个维度。

第一，技术维度。在现阶段的中国市场，由于中美贸易摩擦引发的供应链安全问题等产生"蝴蝶效应"，中国企业率先倾向于投资硬件，且在人工智能模型的训练及预测过程中，以GPU为代表的异构服务器价格远高于CPU，中国约70%的市场相关支出来自人工智能硬件。随着中国人工智能市场的进一步发展与成熟，硬件占比将在2025年下降至57.5%，软件及服务将以更快的速度扩大市场规模。

第二，行业维度。IDC通过对人工智能市场19个垂直行业的持续追踪研究后发现，在中国市场，到2025年，政府、金融、制造、通信四大行业的支出规模预测将占到其市场总量的59%以上。其中，政府、金融行业将成为中国人工智能落地的主要板块。在政府板块，政府采用人工智能技术的驱动力主要集中在安防、"雪亮工程"。在金融行业，受益于较好的数据化基础，以

及较早地采用人工智能，其市场规模将保持增长。另外，通信、交通、公共事业、医疗保健等行业，其人工智能的支出也展现出了较大的发展潜力。①

第三，应用场景维度。对于元宇宙的应用场景维度，华为云人工智能领域首席科学家田奇在博鳌亚洲论坛 2022 年年会上说道："人工智能在劳动力供给方面，能够对劳动型人才进行补充，促进劳动力供给质量的提升，重塑劳动力生产效率，一定程度解决劳动力供给短缺的问题，进而推动产业转型升级。此外，人工智能还能在某些稀缺资源上提供辅助方案，如帮助医生提高诊疗效率和诊疗精度的智能诊断系统等。更为重要的是，人工智能深刻地改变着人类认识和理解世界的方式。**AlphaGo** 在棋盘上创造出了人类上千年都想不到的招式，轻松击败最顶尖的人类棋手；**AlphaFold** 证实了蛋白质结构的可预测性，大幅度超越人类科学家上百年的研究成果；类似地，在计算化学、计算物理学、计算生物学、计算材料学等基础学科中，人工智能都在颠覆着过去几百年的研究方式。人们开始认识到，'人脑'的极限可以由人工智能来突破。人脑创造出更强的人工智能，而这样的人工智能可以解决人脑几乎无法解决的问题，这是多么美妙的一件事情。未来十年，*AI* 的发展会更加迅猛，会迎来一个'AI 大爆炸'的时代。*Science* 于 2021 年发布《125 个科学问题——探索与发现》，我们预测，其中三分之一的问题，将会在人工智能技术的帮助下取得突破性进展。至于元宇宙，其价值是毋庸置疑的。物质生活越发展，人们越会追求精神层面的创造与自由。元宇宙可以给人类带来超越现实世界物理法则限制的自由。特别是对于身体有缺陷的人、年老之后身体不灵便的人，他们的大脑、思想、灵魂是自由的，不应该被肉体躯壳所限制。"

在田奇看来，元宇宙可以看作是对人工智能的实体化和现实的虚拟化。短期来看，受限于技术成熟度等方面的原因，规模化的商业应用还需要一个过程，但在一些局部应用会首先取得突破，比如数字人，包括无现实原主的

---

① IDC. 2025 年中国人工智能市场总规模将超过 160 亿美元［EB/OL］. 2021 – 08 – 30. https://www.idc.com/getdoc.jsp?containerId = prCHC48196321.

虚拟数字人和拥有现实原主的孪生数字人这两大类。长期来看，随着技术的逐渐成熟，元宇宙将改变人类社交方式和人工智能落地方式，进一步提升应用价值和商业价值。

IDC 发布的《2021 年 V2 全球人工智能支出指南》数据显示，人工智能技术将被广泛应用于自动化客服、销售流程推荐和自动化等 28 个行业中。例如，智能客服已经广泛应用于各渠道的企业服务，为用户带来了全新的交互体验。同时，随着政府对公共安全与应急管理体系建设的积极推动，人工智能技术为该领域的智慧化建设提供了有力支撑。[①]

---

① IDC. 2025 年中国人工智能市场总规模将超过 160 亿美元 [EB/OL]. 2021 – 08 – 30. https://www. idc. com/getdoc. jsp? containerId = prCHC48196321.

第6章 工业互联网与"元宇宙"深度融合

作为风口产业的"元宇宙",不仅催化文化产业,甚至还影响工业领域。这为工业互联网与"元宇宙"的深度融合带来了前所未有的发展机遇。

2021年10月,中国联通首席大数据科学家范济安在2021世界数字经济大会主论坛上提到,早在2013年,德国人提出的工业4.0中,虚实融合仿真技术,即信息物理系统(Cyber Physical System,CPS)将生产中的供应、制造、销售信息数据化、智慧化,最后实现快速、有效、个人化的产品供应,由此被认为是智能制造的核心。

什么是工业4.0呢?所谓工业4.0,是指德国政府提出的一个高科技战略计划。该项目由德国联邦教育局及研究部和联邦经济技术部联合资助,投资预计达2亿欧元,旨在提升制造业的智能化水平,建立具有适应性、资源效率及人因工程学的智慧工厂,在商业流程及价值流程中整合客户及商业伙伴。[①] 其技术基础是网络实体系统及物联网,实现与"元宇宙"的深度融合。

一、元宇宙引发的中国制造业变革

元宇宙的海量商业机会和产业热情延伸到工业领域,给工业互联网的未来发展带来了极大的想象空间。中国联通首席大数据科学家范济安坦言:"通过将信息物理系统、数字孪生与5G引发的AR、VR、AI计算机视觉、低时延

---

① 新潮电子. 关于工业4.0我们必须知道的那些事 [J]. 新潮电子,2015 (07):26-28.

远程控制等应用按照元宇宙的概念有机整合，便构建起了'工业元宇宙'。"①

基于这样的判断，范济安补充道："AR/VR不再只是应用于现场辅助安装、技能培训，而是大家都戴上眼镜，在虚拟世界一起工作，实现随时得到AI的指导与决策支撑、提前验证结果实时纠错，甚至可以不必在现场；企业的产品设计、工艺开发、试产测试、经营管理、市场营销都可以以开放的形式面向全社会；结果只有在仿真验证过之后才转入物理世界实际生产；虚拟世界与现实世界的各项决策与结果都通过区块链记录下来，作为考核、审计的依据，以便打造新的薪酬体系；人机协同的新一代'游戏式'工作方式由此诞生，新一代的人力资源市场将从院校转移到元宇宙；'宅经济'模式将从网购、网游扩展到工业制造领域。……'工业元宇宙'将颠覆目前的经济社会结构，不同的传统行业将会在'工业元宇宙'中得到重生。"②

不过，"工业元宇宙"本质虽然是虚拟现实技术，但绝不是简单的虚拟体验，而是承载传统制造业新一次质的飞跃的虚拟世界，同时也给中国制造业一次弯道超车的机遇。集邦咨询数据报告显示，元宇宙概念得以满足远端作业、虚拟实境、模拟运作等陆续崛起的市场需求，而智能制造亦有望乘此热潮，催动相关技术加速开发，推升全球市场规模于2025年一举突破5 400亿美元，2021—2025年复合年均增长率达11.45%（见图6-1）。主因在于工业应用市场具备场域封闭性，产业大厂数字化程度普遍较高且模拟技术可大幅减少人力、时间成本与资源浪费，加诸工业4.0的核心即为虚实整合系统，使该产业极具打造元宇宙的先天优势与动机。③

报告还披露，随着数位模型镜射物理产品受影响的条件要素越趋复杂，加上元宇宙概念势头正盛，数字孪生技术将朝向既广且深的方向并行，进而带动相关技术应用落地。在广度部署上，数字孪生为提升预测准确度，需模

---

① 杨光，王伟. "工业元宇宙"：空间无垠的未来［N］. 青岛日报，2021-10-28.

② 同上。

③ TrendForce. 集邦咨询：工业元宇宙将催动全球智能制造市场规模至2025年达5 400亿美元［EB/OL］. 2021-11-29. https://www.trendforce.cn/presscenter/news/20211129-11028.html.

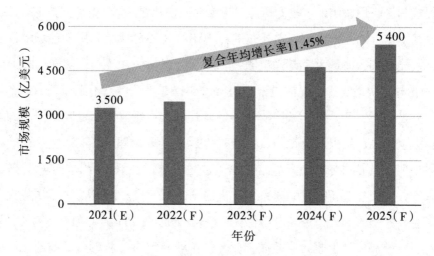

图 6 - 1　2021—2025 年全球元宇宙市场规模

资料来源：TrendForce, 2021。

拟更完整、更广泛的虚拟物件与空间，并以此基础打造元宇宙的运作环境，背景技术有赖 5G、Wi-Fi 6、云端边缘、智能传感器等更强韧的通信环境、处理平台与多元的感测设备。在作业深度上，无人机具、协作机器人、机器视觉等在精准度、执行能力方面的技术发展，将使数字孪生在虚拟空间的 AI 决策有效于物理世界自主运行。整体而言，鉴于现行 AR/VR 等人机界面的高速发展趋势，同时考量经济效益、执行实务性与总体环境趋势，短、中期元宇宙推动数字孪生的工业应用将聚焦于人员培训、远程维修、能源监控及预测性维护，包括 Rockwell、西门子、ABB、研华、桦汉、台达电等已策略布局；长期来看，单一厂商或将在工业元宇宙共通平台上建立虚拟工厂，串接各厂区与跨企业合作互通，具备高度工业 4.0 化、建有多座灯塔工厂（light house）而拥有庞大数据的产业大厂，如 BOSCH、Schneider Electric、海尔、富士康等有望成为市场先驱。①

---

①　TrendForce. 集邦咨询：工业元宇宙将催动全球智能制造市场规模至 2025 年达 5 400 亿美元［EB/OL］. 2021 - 11 - 29. https://www.trendforce.cn/presscenter/news/20211129 - 11028.html.

元宇宙引发此轮中国制造业变革，其原因有：

（1）数字化、信息化技术推动；

（2）新冠肺炎疫情和逆全球化给中国制造业带来的压力；

（3）中国智能制造的战略转型。

2021年上半年，全中国建成"5G＋工业互联网"项目接近1 600个，覆盖20余个国民经济重要行业，在此基础上，"5G＋工业互联网"正从航空、钢铁、矿业、港口等先导行业向制造业全行业扩展。

在产业各方共同努力下，5G应用正由生产外围生产现场监测、厂区智能物流等场景应用向产品协同研发设计、远程设备操控等各环节深层次延伸。工业和信息化部发布了第一批"5G＋工业互联网"10个典型应用场景和5个重点行业实践。这些典型应用场景在电子设备制造、装备制造、钢铁、采矿、电力五大重点行业得到了一定规模的应用。[1] 对于信息技术与制造业深度融合的工业4.0以及"中国制造2025"等先进制造业的发展，元宇宙无疑是促进工业技术发展的重要推动力量。

二、数字孪生覆盖物理世界和虚拟世界的全生命周期

不同的企业和行业在工业互联网的落地过程中，不仅要求终端解决方案的个性化，还从基础设施上对网络架构提出了更高要求。对此，中国工程院院士刘韵洁坦言："从消费互联网到工业互联网，要解决的问题已经不仅是'连接'，还有网络的确定性和工业互联网的差异性。工业互联网和产业互联网都是个性化、差异性的服务，这是现有的网络满足不了的。每个企业甚至

---

[1]　韩鑫. "5G＋工业互联网"在建项目超1 500个　覆盖20余个国民经济重要行业［N］. 人民日报，2021－06－09.

每一个用户都会定制自己的网络，这是工业互联网下一步发展必然会遇到的挑战。……互联网上半场主要是尽力而为的网络架构，下半场什么样的架构能满足工业互联网的需要，这是全球的挑战。"

有挑战就充满机会，关键在于企业如何提供解决方案。随着信息革命的突飞猛进，传统企业可以通过 AI、智能化的生产场景来优化生产流程。对于如何优化，赛迪顾问智能制造产业研究中心（汽车产业研究中心）分析师徐迎雪、赛迪顾问业务总监兼智能装备产业研究中心总经理张凌燕在文章中写道："通过工业元宇宙平台，能够沉浸式体验虚拟智能工厂的建设和运营过程，与虚拟智能工厂中的设备、产线进行实时交互，可以更加直观、便捷地优化生产流程、开展智能排产。在智能工厂建设前期，可利用工业元宇宙平台建设以及与现实智能工厂的建筑结构、产线布置、生产流程、设备结构一致的虚拟智能工厂，从而能够实现对产能配置、设备结构、人员动线等方面合理性的提前验证。对于智能工厂生产过程中的任何变动，都可以在虚拟智能工厂中进行模拟，预测生产状态，实现生产流程优化。"①

在这场新产业革命中，传统企业对工业互联网提出了三个核心诉求——传感器智能化、无所不在的连接与数据价值的创造，由此促进传统企业的重大变革，甚至彻底改变传统企业现有的营销模式、生产模式、人力组织模式、危机管理模式等。需要说明的是，面向物的互联网和面向人类的互联网是迥然不同的，需要不断地优化，并结合传统企业的业务特征不断地进行创新和改造。在华为高级副总裁张顺茂看来，不论是美国提出的工业互联网、德国提出的工业 4.0，还是中国自己定义的智能制造，它们都有一个共同点——网络。

在工业互联网的机遇面前，华为通过对工业互联网的理解和自身长期的实践经验，推出了"1 + 2 + 1"的解决方案，即致力为企业提供一个多网络接入的平台，实现全程全网的互通，并结合各行各业的应用诉求对物联网进行

---

① 徐迎雪，张凌燕. 工业元宇宙：展望智能制造的未来形态［N］. 中国电子报，2022 - 03 - 24.

创新和新的融合。所谓"1+2+1"解决方案，前一个"1"指 LiteOS 操作系统，"2"指两种网络接入方式，后一个"1"是指一个可对设备、数据和运营管理的平台。张顺茂介绍说："虚拟世界和物理世界跨界融合时需要一个交叉点，而 LiteOS 操作系统就是这个点。……华为处在 ICT（信息通信技术）行业，智能制造处在 OT（运营技术）行业，两者的融合连接点也是 LiteOS。"

公开资料显示，LiteOS 操作系统采用的是华为完全自研的小体积实时操作系统（Real-time Operation System，RTOS）内核，是非常适合在资源受限的物联网节点上使用的。与代码总量近 1.3 亿行的安卓物联网操作系统相比，LiteOS 的核心代码不到 10kB，因此在实时响应处理、功耗等方面能够比其他操作系统做得更出色。不仅如此，华为还在 LiteOS 中提供了使用非常方便的互联互通中间件，能支持物联网产业的 LTE/LTE-M/5G 等连接方式，使连接更快、更可靠。时任华为战略常务董事、战略 Marketing 总裁徐文伟介绍道："LiteOS 就是一个体积只有 10kB 级、开源的、可帮助小型设备处理信息的操作系统，就像 Windows 之于电脑、安卓之于手机，能使智能硬件开发变得更加简单。"

尽管有媒体批评华为 LiteOS 的噱头大于实质，但是在张顺茂看来，华为就是把网络建起来，接入海量设备，将产生的数据上传到数据中心，提供给预防性的分析平台进行数据挖掘和分析，帮助企业全面把握经营状况，并为企业决策提供高质量的数据和信息支持。张顺茂说："华为物联网平台部署灵活，能够管理海量设备及连接，可以对大量数据进行存储、处理和分析，并具有良好的开放性，可以帮助企业快速构建行业应用。"

在当前工业互联网的积极促进下，必然推动传统企业的行业信息化升级。根据 Gartner 的技术成熟度模型，一项技术有 5 个发展阶段：科技诞生的萌芽期、由期望过高造成的膨胀期、泡沫化导致的底谷期、稳步爬升的光明期、实质生产的高峰期。

从现阶段来分析，中国"互联网+"的重点是工业与互联网的融合，但这也是一个难点。主要是因为工业领域的技术演进相对较慢，需要全产业链

的协同配合才能共同推动。根据 GSMA 的预测，2025 年全球物联网终端连接数量将达到 250 亿个，其中消费物联网终端连接数量达到 110 亿个，工业物联网终端连接数量将达到 140 亿个，占全球物联网络端连接数量的一半以上。见图 6-2。

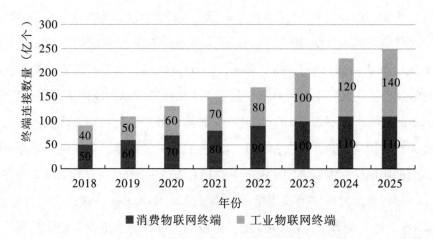

图 6-2　2025 年全球物联网终端连接数量

资料来源：中商情报网。

这组数据意味着人与人、人与物、物与物都会被连接起来，实现这个目标，无疑要有丰富多样的传感器、无处不在的连接、海量差异化的行业应用。张顺茂说道："通过推动互联网和工业深度融合，华为致力成为新工业革命驱动者，全力促进行业信息化升级。"

与此同时，数字孪生技术在中国工业元宇宙中起到举足轻重的作用。中国工程院院士谭建荣在接受媒体采访时说道："工业数据在整个工业互联网中处于非常核心的地位，通过工业互联网全生命周期的感知、数据采集、分析处理、集成应用，形成基于数据的工业智能，带动整个制造企业向工业智能化方向发展。从工业数据过渡到工业智能过程中，数字孪生技术不仅可以让我们看到产品外部的变化，更可以看到产品内部每一个零部件的工作状态，进行预测性的决策。"①

在生产优化中，除了流程，工业元宇宙甚至还覆盖到设备运维和产品测试，包括：

（1）设备运维。相对于现阶段利用大数据分析的预测性维护，基于工业元宇宙的设备运维能够打破空间限制，有效提高设备运维响应效率和服务质量。在工业元宇宙平台建立的虚拟空间中，运维人员将不受地域限制，在生产设备出现问题时，远程实时确认设备情况，及时修复问题。对于难度大、复杂程度高的设备问题，可以通过工业元宇宙平台汇聚全球各地的专家，共同商讨解决方案，从而提高生产效率。

（2）产品测试。对于应用标准高、测试要求复杂的产品，工业元宇宙能够提供虚拟环境以开展试验验证和产品性能测试。通过虚实结合实现物理空间和虚拟空间的同步测试，更加直观地感受产品的内外部变化，提高测试认证效率和准确性。例如，相对于民用消费级芯片产品，车规级 AI 芯片由于工作环境多变、安全性要求高等因素，功能设计复杂，其研发、测试、认证流程十分严苛，需满足多项国际国内行业标准。工业元宇宙可为车规级 AI 芯片提供虚拟测试空间，工程师可以用较低的成本对车规级 AI 芯片进行测试，也可以模拟和体验搭载 AI 芯片的自动驾驶汽车，提高车规级 AI 芯片的测试、认证效率。②

对此，北京航空航天大学教授任磊坦言："工业互联网可以看作是物理空间与数字空间的映射，在数字孪生作用下，形成了并联、演进、趋势融合等新的复杂性。目前，数字孪生正在工业互联网中发挥着越来越大的作用，覆盖了整个物理世界和虚拟世界的全生命周期。"③

---

① 杨光，王伟."工业元宇宙"：空间无垠的未来［N］. 青岛日报，2021－10－28.
② 徐迎雪，张凌燕. 工业元宇宙：展望智能制造的未来形态［N］. 中国电子报，2022－03－24.
③ 杨光，王伟."工业元宇宙"：空间无垠的未来［N］. 青岛日报，2021－10－28.

第 7 章　人工智能物联网的两个产业发展机遇

2021 年 12 月 17 日,在河南发展高层论坛暨 2021 中国(郑州)智慧产业发展峰会上,物联网智库创始人彭昭强调,现阶段 AIoT[①] 的发展机遇有两个,分别是产业元宇宙和"AIoT + 双碳"。彭昭说道:"对于 AIoT 产业,元宇宙不仅有用,还应该积极争取元宇宙相关的话语权。"

彭昭补充道:"元宇宙的内涵逐渐从社交向产业转移,这是物联网应把握的机遇。AIoT 领域创造的很多元宇宙应用已经诞生,包括导航、智能楼宇、智慧城市等。对于物联网来说,元宇宙不仅有用,而且已经在用了。元宇宙的架构是七层,其中基础设施层包含物联网、5G、AI,它是进入元宇宙的钥匙。"

彭昭认为,未来物联网发展的重点并非社交元宇宙,而是产业元宇宙。即物联网应通过虚拟反馈到现实,增强用户体验的便利性。彭昭说道:"元宇宙在物理世界的基础上,创造了多个始终在线、不断刷新的虚拟世界,元宇宙分为基础设施、人机互动、去中心化、空间计算、创造者经济、探索与发现、体验共 7 层架构,其中基础设施是所有架构中最核心的一端,元宇宙基础设施和物联网企业相关,因此是值得把握的机遇。"[②]

---

① AIoT 即人工智能物联网,是 AI(人工智能)与 IoT(物联网)的组合,AIoT 融合 AI 技术和 IoT 技术,通过物联网产生、收集来自不同维度的、海量的数据存储于云端、边缘端,再通过大数据分析,以及更高形式的人工智能,实现万物数据化、万物智联化。

② 唐朝金、王磊彬、吴春波,等. 物联网智库创始人彭昭:产业元宇宙和"AIoT + 双碳"是两大机遇 [N]. 大河报, 2021 - 12 - 18.

一、元宇宙成为物联网新风口

物联网是元宇宙的发展基础，元宇宙为物联网的发展愿景。艾媒咨询首席分析师张毅坦言："2022 年物联网总体方向还是在应用层面，可以用'加速''落地'两个关键词去概括 2022 年整个物联网产业。"

经过十余年发展，当前人工智能物联网产业已完成蓄力阶段，进入增长期。彭昭介绍道："AIoT 发展阶段分为产业早期、产业蓄力期、产业增长期、产业高速增长期、产业成熟期共 5 个阶段，目前 AIoT 发展处于产业增长期，其市场表现具有各分散网状开始部分交叉、各细分市场连接开始互通等特征；技术特征则为区块链等新技术应用走向成熟、融合进入 AIoT；预计 2026 年进入产业高速增长期。"① 见图 7 - 1。

	产业早期	产业蓄力期	产业增长期	产业高速增长期	产业成熟期
底层建设	➤依托旧有基础设施 ➤感知能力普及不足，数据收集意识较弱	➤新型基础设施快速铺设 ➤网联和数据采集能力开始普及；零碎的数据池产生	➤多层次基础设施进一步完善 ➤网联和数据采集能力基本普及，数据池扩大	➤AIoT基础设施完善，足以支持各类AIoT应用 ➤网联和数据采集普及；大型数据池形成	➤数据融汇，应用自然 ➤配合未来新技术，开始建设新基础设施
技术特征	➤物联、AI底层技术逐步成熟，但相互割裂，技术应用相对匮乏	➤AI应用技术发展迅速 ➤AI和IoT快速融合	➤区块链等新技术应用走向成熟，融合进入AIoT	➤各类技术充分渗透，形成海量数据+成熟AI+稳定连接+高等级安全保障	➤进阶AI技术和新型连接、感知技术诞生、应用
发展驱动力	➤尚未形成产业整体市场 ➤以智能家居/硬件市场为主	➤以供给侧市场为主 ➤主要市场 供给侧：通信基础设施市场、平台市场、AI算法市场；需求测：以ToC市场为主，ToG市场开始快速增长，如公共事业等	➤供给、需求开始平衡 ➤主要市场 供给侧：通信基础设施市场、产业区块链市场等 需求侧：ToC市场平稳增长，ToG市场壮大，如智慧城市等	➤需求侧占主导 ➤主要市场 需求侧：ToC和ToG市场稳定增长；ToB市场快速膨胀，例如高等级智慧工业，车联网等产业级应用市场等	➤需求侧占绝对主导 ➤市场整体成熟、稳定
市场特征	➤市场形态 ①ToC设备市场逐渐成长 ②市场呈星状	➤竞争格局 ①头部企业积极布局，企业数量飞速增长；②端侧市场格局逐渐形成，云和市场零碎 ➤市场形态 市场呈多个分散的网状	➤竞争格局 平台层市场整合加速，各企业定位逐渐明晰 ➤市场形态 市场各分散网状开始部分交叉	➤竞争格局 ①产生整体格局成型，上游市场集中度较高；②应用市场较分散 ➤市场形态 市场呈完整网状	➤竞争格局 ①格局稳固，②新型企业仍然可依靠技术创新进入市场 ➤市场形态 市场呈完整片状
	2009—2015年	2016—2020年	2021—2025年	2026—2030年	2031—2035年

图 7 - 1　中国 AIoT 产业发展阶段

---

① 唐朝金，王磊彬，吴春波，等. 物联网智库创始人彭昭：产业元宇宙和"AIoT＋双碳"是两大机遇 [N]. 大河报，2021 - 12 - 18.

　　针对 2022 年物联网快速发展的问题, 艾媒咨询首席分析师张毅分析认为, 其背后的主要因素有三个: "现阶段物联网快速发展的原因可以归纳为三点。一是 5G 基站数量持续增加、5G 组网能力快速提升; 二是随着互联网用户流量见顶, 新消费等投资自 2020 年下半年以来得到比较大的释放, 接下来资金流动方向会偏向于硬科技; 三是用户和消费、工业化升级。"

　　对于物联网的商业潜力, 天风证券副总裁、研究所所长赵晓光分析道: "从实践的维度来看, 元宇宙先进入社交娱乐赛道, 再用未来 10 年进入全真互联网, 例如工业物联网等方面。"

　　这样的判断与 IDC 的数据预测相吻合。根据 IDC 的预测, 2022 年, 中国物联网产业规模达到 4 820 亿美元, 2019—2022 年复合年均增长率为 28.65%。根据艾瑞咨询数据, 2021 年 AIoT 整体市场规模将达 6 548 亿元。AIoT 市场持续扩大, 主要得益于 AIoT 技术、产品发展且持续满足广大市场需求, 以及疫情期间居家带来的市场需求的进一步释放。未来三年, 在以家居、汽车为代表的消费驱动端和以公共事业、智慧城市为代表的政策驱动端应用市场的继续推动下, AIoT 产业仍将保持高速增长。长期来看, 产业驱动应用市场潜力巨大, 将成为远期增长点①。另有研究机构预测, 2022 年中国 AIoT 市场规模将达到 7 509 亿元, 占全球比重约 24%。见图 7 – 2。

---

① 物联网 & 挚物 . 2022 中国 AIoT 产业全景图谱报告 [R]. 2022 – 02 – 16.

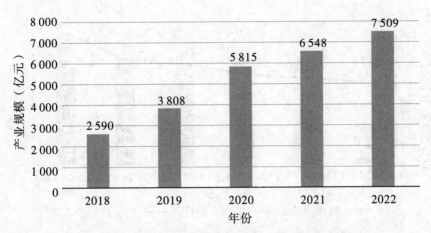

图 7 - 2　2018—2022 年中国 AIoT 产业市场规模及预测

资料来源：艾瑞咨询，挚物 AIoT 产业研究院。

物联网的商业潜力被激发，一个重要的原因是全球物联网设备连接数增长势头强劲，2025 年全球物联网设备连接数有望超 300 亿台。据 IoT Analytics 数据，2010—2020 年，全球物联网设备连接数复合年均增长率达 9%，其中物联网设备连接数复合年均增长率达 31%，增长迅速；预计 2021—2025 年物联网设备连接数增速持续增长，2025 年全球物联网设备（包括蜂窝及非蜂窝）连接数将有望超 300 亿台。[①] 见图 7 - 3。

---

　① 民生证券. 元宇宙之耳：5G 无线通信有望在多个景气度行业全面开花 ［R］. 2022 - 01 - 11：3 - 30.

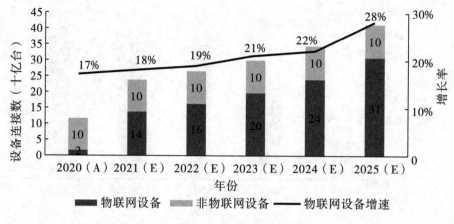

图 7-3 全球物联网设备连接数增长情况

资料来源：IoT Analytics、民生证券研究院。

二、AIoT 产业的六大板块

对于物联网的商业价值，据行业人士预估，物联网整体市场潜在规模超过 10 万亿元，产业驱动应用潜力巨大，尤其是 2021 年以来，爆热的元宇宙将激发物联网技术和产品应用的潜在商业价值，甚至还可能拓展出一片更为广阔的蓝海市场。

集邦咨询分析师曾伯楷分析说："2022 年物联网将带出三个技术主战场，包括要求环境永续、脱碳生产的绿色 IoT，着眼无远弗届、万物相连的太空 IoT，以及聚焦数据演算、镜射现实的元宇宙 IoT。元宇宙将成为物联网 2022 年发展重点之一，主因在于疫情后新常态推升非接触与数字转型需求，使物联网持续聚焦 CPS，通过与 5G、边缘计算、AI 等结合，实现智能自主预测。"

对于物联网的生态融合，物联网智库创始人彭昭在 "2021 中国 AIoT 产业年会" 上说道："市场各分散网络开始部分交叉，企业开始推进生态融合，产品、生产力、生产关系、商业模式都将重构。"

在此次重构中，物联网将在应用层面、技术层面、产业链层面、政策层面四个方向发力。

（1）应用层面。在当前，物联网会加速渗透智能表计、智能安防、智能家居、智能家电，未来会快速渗透到智能工厂、车联网等领域。《2022 中国 AIoT 产业全景图谱报告》提到，大颗粒度应用市场已相继发力，当前主要集中在政策驱动和消费驱动应用市场，未来三年，在以家居、汽车为代表的消费驱动端和以公共事业、智慧城市为代表的政策驱动端应用市场继续推动下，AIoT 产业将保持高速增长；长期来看，产业驱动应用市场潜力巨大，将成为远期增长点。①

在应用层面上，集邦咨询分析师曾伯楷分析说道："2022 年市场主流的物联网应用中，预计将聚焦在智能城市环境监控与防疫管理、智慧家庭居家安全与沉浸娱乐、智能制造虚实整合与数字仿真，以及智能医疗远程服务与精准医学，协助企业在'后疫情时代'转型、进化。"

（2）技术层面。在物联网未来的发展中，需要解决技术自身的短板补足和能力突破、感知终端供给能力提升等问题。在当前，芯片技术、传感器技术、模组相关技术核心标的是未来发力的板块。公开数据显示，2021 年 1—8 月，在中国物联网的投融资事件中，与半导体相关的就占到大约 25%。除了半导体，资本市场还关注网络安全、传感器、通信、云平台/云服务、大数据等，其投融资占比分别为 7.6%、5.9%、3.6%、3.3%、2.6%。②

（3）产业链层面。《2022 中国 AIoT 产业全景图谱报告》分析认为，AIoT 产业主要包括"端""边""管""云""用""产业服务"六大板块③。见表 7－1。

---

①　物联网 & 挚物. 2022 中国 AIoT 产业全景图谱报告 ［R］. 2022－02－16.

②　付静. 元宇宙是物联网新风口 半导体成"新基建"［EB/OL］，2021－12－23. https://digi. china. com/digi/20211223/20211223963316. html.

③　物联网 & 挚物. 2022 中国 AIoT 产业全景图谱报告 ［R］. 2022－02－16.

表 7-1 AIoT 产业的六大板块

板块	内容
"端"	指的是终端，主要包括底层的芯片、模组、传感器、屏幕、AI 底层算法、操作系统等
"边"	是相对于"中心"的概念，泛指中心节点之外的位置。边缘计算是指将计算及相关能力从中心处理节点下放至边缘节点后形成的，贴近终端的计算能力
"管"	主要指的是连接通道，以及相关产品和服务。大物联时代带来的大连接数和复杂设备现场环境，使得有线连接网络捉襟见肘，因此在 AIoT 应用场景中，网络以无线连接为主
"云"	主要指 PaaS 平台，包括物联网平台、AI 平台和其他能力平台
"用"	指的是 AIoT 产业应用行业。从核心驱动要素来看，可分为消费驱动型、政策驱动型和产业驱动型行业
"产业服务"	主要包括 AIoT 产业相关的各类联盟、协会、机构、媒体、投资基金等，这些组织为产业提供包括检测、标准制定、媒体、咨询、投融资等服务，是推动产业发展的重要力量

AIoT 产业六大板块的产业是多种技术融合、赋能各行业的产业，整体市场潜在规模超 10 万亿元。"端"涵盖端侧元器件（芯片、存储设备、模组、无源物联、感知设备、电源、屏幕、天线）、端侧 AI（感知交互能力、AI 芯片）、操作系统等；"边"涉及边缘智能硬件载体（边缘网关、服务器、控制器）、边缘智能软件平台；"管"涉及无线通信、卫星物联、量子通信；"云"包括云平台（通信、互联网、IT、工业、物联网等厂商平台）、AI 平台及其他能力平台（安全、区块链、大数据）；"用"包括消费驱动应用（智慧出行、医疗、穿戴、家庭）、政策驱动应用（智慧城市、表计、安防、消防、能源、停车等）、产业驱动应用（工业、物流、车联网等）；另外，"产业服务"是指相关机构、媒体、投资基金等。[①]

---

① 付静. 元宇宙是物联网新风口 半导体成"新基建"［EB/OL］. 2021-12-23. https://digi. china. com/digi/20211223/20211223963316. html.

（4）政策层面。中国物联网的行业规模超预期增长，在网络建设和应用推广方面已经取得成效，产业规模已经超过万亿元。当然，中国物联网的行业的增长源于新基建等国家战略。2006—2020 年，在国家战略的推动下，中国物联网应用从闭环、碎片化走向开放、规模化，智慧城市、工业物联网、车联网等领域打开缺口，行业规模不断扩大，并保持高速增长，增速一直维持在 15% 以上，江苏、浙江、广东的行业规模均超千亿元。中国通信工业协会的数据显示，中国物联网行业规模已经从 2013 年的 4 896 亿元增长至 2019 年近 1.5 万亿元。见图 7-4。

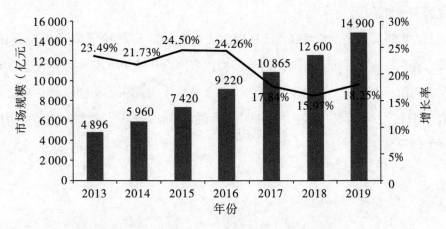

图 7-4　2013—2019 年中国物联网市场规模和增长情况

资料来源：中国通信工业协会、前瞻产业研究院。

物联网得到资本市场的青睐，与物联网自身获得诸多政策层面的支持有关。《物联网发展专项行动计划（2013—2015 年)》印发以来，中国鼓励应用物联网技术来促进生产生活和社会管理方式向智能化、精细化、网络化方向转变，对于提高国民经济和社会生活信息化水平，提升社会管理和公共服务水平，带动相关学科发展和技术创新能力增强，推动产业结构调整和发展方式转变具有重要意义。以数字化、网络化、智能化为本质特征的第四次工业革命正在兴起。物联网作为新一代信息技术与制造业深度融合的产物，通过对人、机、物的全面互联，构建起全要素、全产业链、全价值链全面连接的

新型生产制造和服务体系，是数字化转型的实现途径，是实现新旧动能转换的关键力量。

"十四五"规划纲要全文多次提到"物联网"。工业和信息化部等八部门联合印发的《物联网新型基础设施建设三年行动计划（2021—2023年)》则明确提出突破创新能力、完善产业生态、扩大应用规模、健全支撑体系四大目标。根据相关规划，2023年底，全国主要城市将初步建成物联网新基建，同时10家物联网企业将成长为产值过百亿元、能带动中小企业融通发展的龙头企业，物联网设备连接数将突破20亿台，40项以上国家标准或行业标准将完成制修订工作。[①]

在融资渠道方面，物联网同样得到了政策支持。据挚物产业研究院统计，符合北京证券交易所上市条件的新三板物联网企业共191家，其中精选层34家，创新层157家，可申请到北京证券交易所上市的新三板物联网企业总市值1 341亿元，2年内有望达到5 000亿元的市值，这都将给物联网的发展提供强大的政策支撑。[②]

---

① 付静. 元宇宙是物联网新风口 半导体成"新基建"［EB/OL］. 2021 – 12 – 23. https://digi. china. com/digi/20211223/20211223963316. html.

② 同上。

第三部分
元宇宙才是 VR 的正确打开方式

下一个平台和媒介将是更加身临其境和具体化的互联网，你将置身于体验之中，而不仅仅是作为旁观者，我们称之为元宇宙。元宇宙有八大要素：开发平台/套件、虚拟化身、家庭空间、隔空传输、跨平台互操作、隐私与安全、虚拟商品以及自然界面。

——Meta 创始人兼首席执行官　马克·扎克伯格

第 8 章　VR 借助元宇宙的风口起飞

2021 年，因元宇宙＋社交、元宇宙＋内容、元宇宙＋游戏、元宇宙＋硬件设备而起的风，吹散了头部互联网公司所焦虑的流量阴霾，整个互联网行业重新燃起希望之火。在这些板块中，经历沉浮的 VR 产业，以"元宇宙硬件入口"的新身份登场，虚拟现实再次成为头部互联网企业竞争中下重注的赛道。

几年前，Meta 的前身——脸书耗资 20 亿美元并购 VR 厂商——Oculus，拉开了布局 VR 产业战略的大幕。虽然遭遇产品体验不佳、新品延期、业务持续亏损等诸多困境，但是元宇宙的春风让 Meta 在 2020 年发售的 Oculus Quest 2 上得到了回报。

作为 VR 一体机，Oculus Quest 2 的售价约为 2 000 元，凭借极具竞争力的定价、同价位产品中"综合体验最好"的评价，Oculus Quest 2 发售后很快被抢购一空，甚至持续多时"一机难求"。

Oculus Quest 2 在消费市场的"现象级"火爆，使得一直坚持 AR/VR 路线的马克·扎克伯格的结论被印证。2021 年 11 月，高通公司 CEO 克里斯蒂亚诺·安蒙在高通投资者活动中介绍，Oculus Quest 2 累计销量已经达到 1 000 万台。

毋庸置疑，1 000 万的数量级对于扎克伯格而言，其战略意义非同寻常。几年前，马克·扎克伯格坦言，1 000 万级别的用户，将会推动 VR 生态的大爆发。在这个数量级上，开发人员获得了持续研发、获利的能力，整个行业的内容与生态系统将会实现跨越式发展。

一、VR 到底是什么

随着元宇宙板块的火热，资本的逐利性充分体现出来，这表现为资本的注入不仅仅是随之而来，更是"漫天浇灌"。

对于当前的元宇宙，区块链专家于佳宁在接受媒体记者采访时表示：在算力创新和建设方面，元宇宙时代将有巨大的机会。全球第一个旨在追踪元宇宙表现的 ETF——美国元宇宙 ETF 的投资核心就主要布局在三大赛道。第一是开发元宇宙基础设施的公司，例如为元宇宙提供图像技术处理算力的英伟达、提供元宇宙硬件的微软和脸书；第二是负责创建数字世界游戏引擎的公司，例如游戏引擎公司 Unity 和沙盒游戏公司 Roblox；第三是元宇宙的内容、商业和社交领域的先驱公司，例如腾讯和社交平台 Snapchat 等。这也代表着，元宇宙中技术设施类和生态建设类的产业会在当下获得更多机会。以基础设施类的产业机会为例，主要指的是接入元宇宙的设备，比如脸书在2014 年以 20 亿美元的高价收购了 VR 眼镜设备公司 Oculus，并在 VR 业务上持续、大量地研发投入，从每年 59 亿美元的投资持续加码，近年已经达到185 亿美元的水平。①

脸书高价收购 Oculus，说明了 VR 自身的市场战略价值。那么什么是 VR 呢？VR 就是虚拟现实，是英文 Virtual Reality 的缩写。相关资料显示，所谓的虚拟现实，是指利用电脑模拟产生一个三维空间的虚拟世界，提供给用户关于视觉、听觉、触觉等感官的模拟，让用户如同身临其境一般，可以及时、没有限制地观察三维空间内的事物。

20 世纪 90 年代初，中国科学家钱学森了解到 VR 技术，便想到将之应用于人机结合和人脑开发的层面上，并将其命名为"灵境"。1990 年 11 月 27日，钱学森给时任国家"863"计划智能计算机专家组组长、自己的学生汪成

---

① 屈丽丽. 元宇宙：一场全新的"商业机会版图"［N］. 中国经营报，2022 - 02 - 19.

为写了一封信，表示自己将"Virtual Reality"一词翻译成"灵境"。钱学森说："我特别喜欢'灵境'，中国味特浓。"见图 8 - 1。①

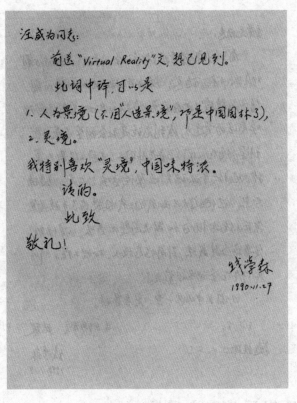

图 8 - 1　钱学森为 VR 译名

钱学森认为，VR 技术的产生和发展将扩展人脑的感知和人机结合的体验，使人与计算机的结合进入深度结合的时代。1994 年 10 月，钱学森给戴汝为、汪成为、钱学敏三人写信说："灵境技术是继计算机技术革命之后的又一项技术革命。它将引发一系列震撼全世界的变革，一定是人类历史中的大

①　邹佳雯. 30 年前，钱学森为什么将 VR 译为"灵境"［EB/OL］. 2021 - 11 - 30. https://www. thepaper. cn/newsDetail_ forward_ 15621277.

事。"见图 8-2。① 在信中，钱学森亲手绘制了一张导图，以阐释"灵境"技术的广泛应用可能会引发人类社会的全方位变革。见图 8-3。②

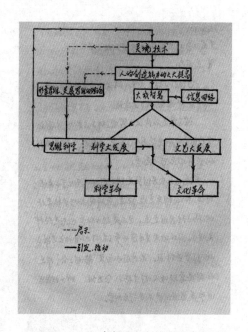

图 8-2　1994 年 10 月，钱学森写
给戴汝为、汪成为、钱学敏三人的信

图 8-3　钱学森对 VR 技术的分析

二、VR 发展的三个阶段

VR 发展到今天，已经过去数十年了。1957 年，电影制作人莫顿·海利格发明了体积庞大、构造复杂的 VR 设备——Sensorama。这也是人类历史上首个 VR 设备。其后该 VR 设备被美国空军看中，用于帮助美国空军以虚拟现实的方式进行模拟飞行训练。

① 邹佳雯. 30 年前，钱学森为什么将 VR 译为"灵境"［EB/OL］. 2021-11-30. https://www.thepaper.cn/newsDetail_ forward_ 15621277.

② 同上。

其后的岁月中，VR 技术经过了一系列的探索和发展。直到 1994 年，日本游戏公司——Sega 和任天堂分别针对游戏产业而推出 Sega VR－1 和 Virtual Boy 产品，真正地让 VR 技术落地。

纵观 VR 历史，VR 经济的第一次产业浪潮是在 20 世纪 60 年代，当时的科幻小说风靡全世界，同时现实社会中还存在相关的实物雏形，随即引发了世界各国军方和科学家的广泛关注。

VR 经济的第二次产业浪潮是在 20 世纪 80 年代。此刻的 VR 已经逐步走出实验室，并有相关产品推向市场，美国 VPL 公司的创始人杰伦·拉尼尔由于热衷于 VR 创业，因此被誉为"VR 之父"。

VR 经济的第三次产业浪潮是 2016 年至今。VR 技术在近 60 年的发展和完善中，最终找到了自己的商业落脚点，并迎来了第三波浪潮。当然，有研究者和媒体质疑 VR 的商业前景，VR 经济究竟能走多远，这与 VR 产业现状有关。

《和 30 年前相比，这波"VR 元年"看起来更加乐观》一文客观地分析了 VR 经济的未来。文中写道："毕竟如今的 VR 设备并没有彻底脱离 20 世纪 80 年代的形态，甚至连商业化的模式和突围领域都相差无几。现阶段的 VR 究竟是爆发的初始期还是发展历程中的又一个阶段，没有人能够给出准确的答案，至少对比 30 年前来看，情况要更加的乐观。"

从这三波浪潮中不难看出，时至今日，VR 的发展大致经历了如下三个阶段。见图 8－4。

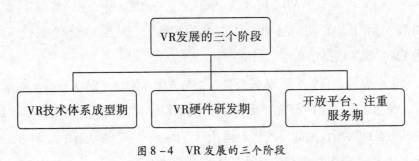

图 8－4　VR 发展的三个阶段

（1）VR 技术体系成型期。

VR 从概念到完成技术体系搭建用了 40 年左右的时间。在第一阶段主要是让 VR 概念找到技术支撑，并完成落地，VR 用户不再是各国军方，而是延伸到民用等领域。不过，由于此阶段的 VR 设备成本过高、体积较大、用户体验差等问题，VR 的商业推广受到影响。

（2）VR 硬件研发期。

完成技术体系搭建后，VR 迎来了又一次产业热潮，从此进入了 20 年左右的硬件研发期。在该阶段，企业经营者们都在致力设计和研发更为轻便、用户体验度更好的 VR 产品。

1995 年至今，VR 设备不再是以前眩晕感极强的笨重设备。如今的 VR 设备使用便捷且价格低廉。如 PC 头盔、VR 手机盒子以及 VR 一体机。其中，PC 头盔有代表性产品 Oculus Rift，该设备画面好、沉浸感较强，缺点是必须与电脑连接，移动范围无疑受到限制；VR 手机盒子有代表性产品三星 Gear VR，该设备便携易带，缺点是与相关设备匹配度的限制，画面体验感相对较差；VR 一体机有代表性产品 IDEALENS，体验无时空等限制，视觉效果也非常好，缺点是仍未达到完全令用户满意的程度。

当下拥有形态各异的 VR 产品的 VR 市场，与 2007 年的手机市场非常相似。可以肯定地说，若传统企业经营者能像当年的乔布斯那样，用以极致体验为王的苹果手机抢占手机市场，创造出让用户拥有极致体验感的硬件设备，无疑将抢占 VR 市场。

在《让你了解关于 VR 的一切》的报告中，德意志银行把 VR 现状写在报告的第一章，足以说明当前 VR 市场的机遇和挑战。为此，德意志银行还对当前的 VR 生态系统做了详细的归纳。

可能你会问，在这个生态系统中，当前处于 VR 发展曲线的哪一阶段呢？为此，德意志银行深度研究了历史上新技术在不同阶段的市场形成的规律，发现其中有两项新技术的发展轨迹适用于 VR：一是互联网技术（20 世纪 90 年代中期）；二是智能手机的普及（2007 年至今）。

从这两项技术的发展轨迹，尤其是智能手机的发展轨迹来分析，未来 10 年，VR 的发展趋势非常乐观。究其原因，智能手机的应用和生态系统有效地推动了 VR 向前发展。在该阶段，资本会集中投向硬件研发企业，如脸书以 20 亿美元并购 Oculus。中国第一家 VR 设备生产商蚁视科技，在短短两年时间里先后发布了 7 款 VR 产品，足以说明目前 VR 硬件的火爆。

在融资方面，蚁视科技也屡获风险投资公司的青睐：2014 年 5 月，蚁视科技获得 PreAngel 天使轮数百万元的投资；2015 年 12 月，蚁视科技获得高新兴 3 亿元的投资……这些数据足以说明，在单个项目上，风险投资公司能够用上亿元投资，自然是因为投资公司非常看好 VR 的发展前景。不仅如此，其期待也是相当高的，否则也不会通过抢占硬件端布局其 VR 战略。

在设计和研发硬件的同时，VR 内容也被提上日程。一般地，在 VR 内容的提供方面，VR 设备商往往是依赖自有平台。纵观 VR 发展史不难发现，1995 年至今，VR 设备的内容往往集中在自带视频片段或者游戏这两块。如暴风魔镜之所以能够取得巨大成功，是因为暴风魔镜将暴风影音专属应用作为其支撑。2015 年 4 月，暴风魔镜赢得松禾资本、华谊兄弟、爱施德 1 000万美元的 A 轮投资；2016 年 1 月，暴风魔镜再次赢得中信资本、科冕木业、天神互动、暴风鑫源 2. 3 亿元人民币的 B 轮融资。

暴风科技因为拥有海量的影音视频，同时凭借 VR 迅速成为 A 股市场的明星。公开的数据显示，暴风科技上市之后连续涨停次数达 29 次，最高股价达到327.01 元，是发行价7. 14 元的45. 8 倍。这样的市值表明，VR 设备的内容也是影响股价的一个重要因素。

不可否认的是，暴风魔镜能够赢得资本市场的认可，取决于两个方面：第一，产品快速迭代和低价格策略；第二，丰富的自有内容（见图 8 - 5）。有研究者直言："如果没有丰富、优质的内容，也无法让用户真正体验 VR 的乐趣。"这样的观点是客观的。在暴风魔镜已经建成的 VR 平台上，拥有 VR 影视资源 2 万多部、全景视频 700 多部、VR 游戏 100 多部，并且该公司已与

美国狮门影业、传奇影业等影视公司达成合作。①

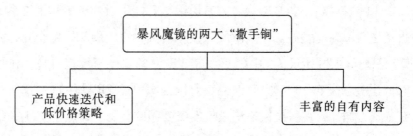

图 8 – 5　暴风魔镜的两大"撒手锏"

截至 2016 年 3 月，暴风魔镜的销量已经突破了 100 万台。由此可见，该阶段自有内容的质量很大程度上影响了硬件产品的销量，用户更偏向于有更多内容的产品，资本也更倾向于该类硬件平台。

（3）开放平台、注重服务期。

目前，VR 还处在硬件研发、内容相对缺乏的第二阶段向开放平台、注重服务的第三阶段迈进的过程中。

这样的现状意味着，VR 形态还没有出现主流样式，其操作系统的互通性依然较差，甚至还有不兼容的情况；内容提供者由于各自为政，完全依赖自有平台提供的影视作品、游戏；服务也参差不齐，尽管各大企业正在积极地布局其线下体验店，但是还需要一定的时间。为了统一操作系统的互通性，谷歌高调宣布，开发 VR 操作系统，以安卓的模式采取开源方式，吸引更多开发者。

---

① 董毅智. VR 时代的竞争路径［J］. 法人，2016（09）：34 – 35.

第9章 VR发力的三个板块

在 VR 产业链上，除了硬件生产和设计，其实内容更重要，因为丰富的内容是支持 VR 功能的关键。在 VR 内容上，仅 2015 年就有超过 5 000 家开发团队在制作。这样大批量的 VR 内容拓展，无疑进一步为 VR 产业链带来乘法效应。这为 VR 内容产业的爆发式增长打下坚实的基础，同时也助推 VR 成为风口。在中国，如优酷和芒果 TV 等视频内容平台都已公布自己的 VR 战略。

当大量企业聚集在 VR 产业链上时，不同的分工自然地匹配着各自企业的战略，也就是说，硬件与内容的研发和设计相得益彰，相互支持。究其原因，硬件设备是 VR 产业的基础，内容是支撑硬件研发和设计的动力，只有相互支持，才能良性循环，赢得发展。就如同一部智能手机，极致的体验离不开优秀的硬件和软件，也离不开内容生态。VR 产业也是如此，在当下的草莽阶段，遍地都是做大做强的机会，然而机会只属于那些敢于把想法付诸实践的人。

德意志银行发布的《让你了解关于 VR 的一切》报告显示，到 2017 年，移动 VR 产品销量将达到 5 000 万台（不包括一体机数据）。该报告还预测，2016 年 Oculus 的硬件营业收入将达到 6 亿美元，而应用商店营业收入为 3 500万美元。这组数据足以说明，VR 的商业价值还是足够大的，当科技巨头涉足硬件设计和生产时，同样有无数的投资机会。在内容和平台方面，传统企业涉足 VR 的机会也很多，随着时间的推移，商业机会将大量涌现。2021 年，头部互联网公司的入局，为中国 AR/VR 市场注入了巨大活力，市场发展前景广阔。IDC 曾预测，2021 年中国 AR/VR 市场 IT 相关支出规模约为 21.3 亿美元，并将在 2026 年增至 130.8 亿美元，为全球第二大单一国家市场。其中，

AR 支出规模将以 49% 的五年复合年均增长率快速增长，VR 支出规模以 41.5% 的五年复合年均增长率保持稳定增长。VR 技术在 2022—2026 年的五年预测期内仍是用户关注的主要领域，将吸引约 70% 的 AR/VR 市场相关投资。从技术维度来看，中国 AR/VR 头显市场在 2021 年上市了诸多新品，2022 年硬件产品升级趋势仍将延续。根据 IDC 最新预测数据，硬件市场五年预测期内将以 47.8% 的复合年均增长率稳步增长，并持续占据中国 AR/VR 市场支出份额的一半以上。①

一、VR 头显

自 2021 年起，VR 新品发布以及头显厂商营销模式的转变使得消费级头显市场逐步打开。根据 IDC 最新预测数据，中国消费者市场在五年预测期内稳定增长，头显市场总规模占中国 AR/VR 市场的近四成。从商用市场来看，到 2026 年，AR/VR 技术将在教育、医疗保健和专业服务三类行业广泛应用，共计约占中国市场总规模的 28.2%。② 当前市场上的 VR 头显分为三类，分别为 PC 端头显、移动端头显和一体机头显。见图 9 - 1。

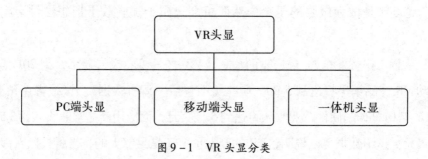

图 9 - 1　VR 头显分类

---

① IDC 中国. IDC 预计，2026 年中国 AR/VR 市场规模将超 130 亿美元［EB/OL］. 2022 - 05 - 26. https://www.idc.com/getdoc.jsp?containerId=prCHC49165722.

② 同上。

（1）PC 端头显。

在 PC 端头显中，以 OculusVR、SONY Project Morpheus 和 HTC VIVE 为代表，可以说呈现三足鼎立的态势。在这三家 VR 企业中，OculusVR 的知名度最高。2016 年，这三家 VR 企业都发布了消费者版 VR 产品。

尽管 2015 年 Oculus 发布的开发版产品存在分辨率不高、运动追踪方面暂不完善等诸多问题，但是由于 OculusVR 有着为业界称道的参数，且可优先使用 Oculus 打造的 VR 生态圈资源，OculusVR 被 VR 领域誉为无可取代的参考范本。

在中国，灵镜小黑、3Glasses、蚁视头盔分食 PC 端头显产品市场。2015 年，乐相科技发布了自己的产品——大朋头显，该产品与 Oculus DK1、Oculus Rift DK2 全兼容，并且采用的是与 Oculus 合作的三星 Super AMOLED 显示屏。

（2）移动端头显。

随着智能手机的普及，越来越多的公司涉足移动端头显。在智能手机领域，销量霸主三星推出了自己的移动端头显——Gear VR。

据悉，Gear VR 被誉为目前市面上最优质的移动端头显代表之一。Gear VR 适配三星旗舰手机。用户使用时通过头部即可实现动作操控和感应器运作，用户如果连接上蓝牙游戏控制器，就会有更接近传统游戏的体验。

谷歌也在研发移动端头显。谷歌移动端头显——谷歌 Cardboard 相对廉价。资料显示，谷歌 Cardboard 是一个由透镜、磁铁、魔鬼毡以及橡皮筋组合而成的可折叠的智能手机头戴式显示器，可提供虚拟实境体验。与 Gear VR 相比，谷歌 Cardboard 甚至看上去有点“傻气”。不过，低廉的价格还是吸引了很多用户。谷歌 Cardboard 的售价为 20 多美元。在中国，同类产品有暴风魔镜、灵镜小白、VIRGlass 幻影等等。在适配机型上，本土移动端 VR 大多都适配安卓、iOS、Windows 等较为常见的操作系统。

对于移动端头显的研发方向，Oculus 创始人帕尔默·洛基研究认为：“挣脱线缆束缚的移动头显才是虚拟现实的未来。”

（3）一体机头显。

公开资料显示，VR 一体机头显已经成为一种趋势。2015 年初，在微软 Windows 10 预览版发布会上，让人惊艳的全息影像头盔——HoloLens 让该发布会火了一把。HoloLens 无须连接线缆，无须同步到终端即可独立使用。当用户戴上 HoloLens，在任何地点都可以进入完全虚拟的世界，甚至到世界各地，乃至外太空肆意遨游。

在硬件的驱动下，头戴设备正在迅猛增长。IDC 全球 AR/VR 头戴设备季度跟踪报告的数据显示，2021 年全球 AR/VR 头戴设备市场同比增长 92.1%，出货量达到 1 120 万台。

其中 Meta Quest 2 最受欢迎，在这一年的 AR/VR 综合市场中占有 78% 的份额；排名第二的是 DPVR，它在亚洲市场获得了很大的成功，在全球范围内取得了 5.1% 的份额；字节跳动的 Pico VR 产品排名第三（份额为 4.5%），与 DPVR 一样，它不仅在亚洲市场有很好的定位，在北美和西欧市场也表现良好，填补了 Meta 停产 Oculus Go 后留下的空白；VR 先锋 HTC 和中国的在线视频平台爱奇艺则跻身前五名。

对于 Meta Quest 2 的热销，IDC 移动和消费设备追踪研究经理吉特什·乌布拉尼分析道："Meta 提供价格非常亲民的头戴设备，并通过超越核心游戏受众，引起非游戏玩家和企业的兴趣，引领了 AR/VR 行业。该公司仍然缺乏主要的竞争对手，但这可能会在未来的 12 至 18 个月内发生变化，届时索尼将凭借 PS VR2 重新进入这一领域。我们继续期待苹果和其他智能手机厂商的头戴设备上市，并获得终端用户的大量关注。"

随着元宇宙概念被热捧，AR/VR 头戴设备的出货量保持较高的增长速度。IDC 的报告预测，2022 年 AR/VR 头戴设备的出货量将同比增长 46.9%，到 2026 年将达到两位数的增长，届时 AR/VR 头戴设备的全球出货量将超过 5 000 万台，复合年均增长率为 35.1%。

在通往元宇宙的路径中，华创证券研究所的报告认为，潜在元宇宙产业的发展路径有两条：第一，VR 体系的完全落地，一个类似电影《头号玩家》

的沉浸拟真 3D 互联网世界出现；第二，新一代 PGC + UGC 超 3A 游戏的落地和完善，出现类似《失控玩家》中的自由城（原型为 GTA），即一个借由平面屏幕进入，但内容极度丰富与自由的游戏世界。3～10 年则有可能出现较为完善的 AR/MR 设备，开始带动混合现实与万物互联发展。最终完整的元宇宙世界既有可能是通过 AR/MR 实现，类似《失控玩家》中的玩家眼镜；也有可能是通过 VR、脑机接口实现的意识潜行世界，类似《刀剑神域》与《黑客帝国》中的虚拟世界。在此期间，许多软硬件公司将逐步受益，Epic Games 的虚幻引擎 4、Unity，AMD 与英伟达的 GPU，英特尔的 CPU 乃至高通将继续成为这轮浪潮中最重要的基建参与者，Meta、苹果与字节跳动的 VR/AR 可能成为新的硬件入口，腾讯、网易、米哈游、索尼、微软、Epic Games 及 Meta 等公司可能成为潜在内容生态创造商。见图 9－2。①

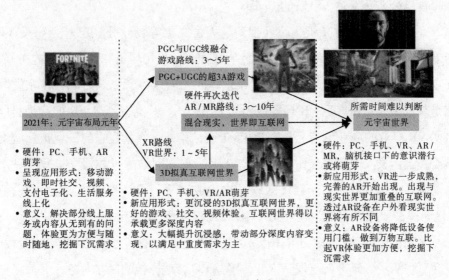

图 9－2　元宇宙的潜在实现路径

<hr />

① 华创证券研究所. 探索互联网的下一阶段，从产业布局看元宇宙潜在的三条主路径 [R]. 2021 －10 －10.

二、VR 内容

在近来的一些新媒体营销论坛上，内容创业成为一个新的舆论亮点。内容不仅关乎创业项目的本身，也影响 VR 行业的体验。

为了解决内容缺乏的问题，一些企业早在 2015 年就开始做准备，投资银行在线刊发文章披露，VR 内容已经不再匮乏。该报道举例，如游戏方面，业界龙头 Oculus Rift 在 Oculus Connect 上公布了 9 款首发游戏以及 11 款支持 Touch 手柄的游戏，相比 2014 年只有 Demo 的 Oculus Rift，其内容无疑丰富了许多。

目前市面上的 VR 游戏依然以 Demo 为主。为了解决内容的问题，索尼和 Oculus 已公布开发多人游戏的 Demo。

在中国，TVR 时光机、超凡视幻、天舍文化等创业公司已开始研发 VR 游戏。2016 年 3 月，涉足 VR 的企业明显加强了应用场景和内容层面的布局，尤以涉及装饰、旅游、培训、文化娱乐等的领域居多，如东方网络。东方网络是首批公开宣布涉足 VR 场景应用的上市公司，其高调涉足 VR 的行为足以说明 VR 产业的商业价值。早在 2015 年底，东方网络就宣布与三亚市旅游发展委员会达成 VR 战略合作。2016 年 2 月，东方网络透过控股子公司——水木动画与贵州双龙航空港经济区管委会达成"项目投资协议书"，共同出资 1 亿元建设"双龙科幻主题公园"项目，双方合作就涉及 VR 内容。

又如恒信移动，通过定向增发，以 12.9 亿元收购东方梦幻 100% 的股权，配套募资 9.9 亿元进入泛娱乐产业，覆盖 CG 合成影视的制作业务、虚拟视觉体验场馆开发运营业务、虚拟视觉影视剧业务等。其后，恒信移动又公告称，拟认购美国 VRC 的股权，该公司主要致力于虚拟现实的内容创作，同时恒信移动还获得了 VRC 目前拥有及未来创造的内容在中国为期两年的排他性分销权。

此外，在快装行业，致力于打造快装一流品牌的金螳螂也高调宣布，计划推出基于家装样板房的 VR/AR 展示功能。

东方园林在全景网互动平台表示，该公司一直关注 VR/AR 相关领域，战略投资相关部门已在做 VR/AR 相关研究。

华力创通则在投资者互动平台表示，该公司 AR/VR 技术以及产品主要用于国防工业。华力创通表示，国防工业是该公司重点发展的领域，未来在国防、军事领域会继续重点投入，合作方主要是航空航天等军工研究所。

值得一提的是，随着 VR 技术的逐渐成熟，其与传统产业的融合进程正在逐步加快。在 VR + 娱乐行业，内容场景及内容正在成为 VR 投资的热点。目前 VR 的应用主要集中在视频，这对原本就有内容优势的文化传媒企业来说更具吸引力。

正因为如此，文化传媒企业的 VR 布局也集中发力，如长城动漫、华策影视、光线传媒等等。其中，华策影视以 1 470 万元的自有资金收购兰亭数字 7% 的股权。兰亭数字是中国目前顶级 AR/VR 数字多媒体产品制作公司。随后华策影视又以 640 万元的自有资金增资热波科技，持股 8.6%。据悉，热波科技是一家专业制作 VR 影视节目的公司。

无独有偶，作为光线传媒的全资子公司——光线影业也增资七维科技，并成为其控股股东，占股 51%。七维科技的公告显示，七维科技是目前中国领先的 AR/VR 技术公司之一，拥有完整的从内容生产端到用户体验端的一整套产品研发、设计及服务能力。

此外，佳创视讯也在积极拓展 VR 场景及内容。2016 年 3 月 18 日的佳创视讯午间公告称，该公司与虚拟现实技术与系统国家重点实验室、信息光子学与光通信国家重点实验室、国家广播电视网工程技术研究中心、数字电视国家工程实验室共同签订了《"虚拟现实 + 广播电视"产业化发展战略合作框架协议》。

根据协议，合作方将在协议签署后履行约定，积极整合资金、技术、专利、人才等优势资源，率先通过广电网络播出裸眼 3D、直播视频、全景视频等新媒体形式的 VR 内容，向海量家庭电视用户提供全新影音观看体验；共同

整合现有产品技术和资源，共同投入研究 VR 产业发展的核心技术。其中，合作方将在协议框架范围内投资设立新公司，作为实体承载本协议下的多方长期合作事宜，新公司将专注于 VR 产业的经营。针对新公司的人才需求，合作方将利用高校、研究院的人才优势和长期的技术研究积累，向新公司推荐、选拔、培训高级技术人才，协助企业建立专业技术人才团队，形成人才竞争优势。

在内容板块，影视业激发了 VR 的商业潜力。2015 年初，在美国圣丹斯影展上，Oculus Rift 电影工作室就展出了第一部 VR 影片——《迷失》。据悉，Oculus Rift 在 2015 年推出了一系列 VR 电影，如《斗牛士》《亨利》《亲爱的安赫丽卡》等。这些实例无疑说明，VR 的潮流锐不可当，如 2015 年 9 月，由 Fox 和 Secret Location 联合发行的 VR 作品——《断头谷虚拟现实体验》获得艾美奖"互动媒体、用户体验和视觉设计"奖项。此外，借助 VR 技术，歌手泰勒·斯威夫特的 360 度交互视频——*AMEX Unstaged：Taylor Swift Experience* 使她获得个人第一个艾美奖。

同年，世界迎来了第一个 VR 电影节——万花筒 VR 电影节。万花筒 VR 电影节一共展出了 20 部影片。该影展从美国波特兰州开始，在美国、加拿大等的 10 个城市巡回展出，为期 3 个月。当然，用户可以通过 VR 头显——Oculus Rift 或三星 Gear VR，体验艾弗拉姆·德森执导的动画短片——*The Last Mountain*、*Christian Stephens*，以及讲述遭受战争蹂躏的叙利亚城市阿勒波 360 度全景视频 *Welcome to Aleppo*。

同样是 2015 年，新一部《霍比特人》与 Jaunt 合作，用户佩戴谷歌 Cardboard 即可获得沉浸式体验。为此，中国一些热门电影的预告片也运用了 VR 技术，如《一万年以后》。

在影视业，VR 正在大踏步地前进，同时也给直播行业带来新的商业想象空间。如美国职业篮球联赛（NBA）早已开始试水 VR 直播。在演唱会方面，VR 直播也如火如荼。2015 年 10 月，腾讯用 VR 技术直播了演唱会，尽管该直播的清晰度不够，但还是点燃了"粉丝"们的热情。

三、芯片

在通往元宇宙的路径中，作为元宇宙第一入口的 VR 设备自然获得消费者、投资者、资本的热捧，元宇宙的爆红自然会推升 VR/AR 设备的销量。

集邦咨询 2022 年 2 月研究数据显示，2022 年 AR/VR 装置出货量将达 1 419 万台，复合年均增长率 43.9%。增长动力来自新冠疫情增加远距互动需求，以及 Oculus Quest 2 压价策略，微软 HoloLens 2 和 Oculus Quest 2 的市场占有率分别在 AR、VR 设备领域居首位。见图 9 - 3。

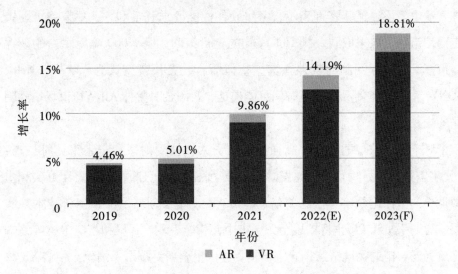

图 9 - 3　2019—2023 年 AR/VR 装置出货量

数据来源：集邦咨询，2022。

据集邦咨询报告，之所以增加 AR/VR 装置出货量，是因为元宇宙议题带动品牌厂积极布局，刺激产品出货表现，但目前 AR/VR 装置市场并未出现爆发性增长，主要归因于零部件短缺以及新技术开发难度大两大因素。此外，考量装置外观与体积，使得光学技术难度较高的 Pancake 设计成为高阶新产品的首选方案，并搭配眼球追踪、6DoF 等各种追踪反馈技术，以提升使用者沉浸式体验感，这进一步影响了新品开发进程。

由于尚未有新品威胁，集邦咨询认为，至少要等到2023年才有可能见到其他品牌的产品取代目前Oculus或微软的主流地位。目前消费市场中，以介于200～400美元的Oculus Quest 2为主流，集邦咨询预估Oculus在2024年之前将推出进阶版Quest产品，达到700美元等级硬件性能，同时采取补贴策略，将产品定价压到约500美元，届时高阶消费市场规模有望扩大。商用市场则以千美元以上的产品（如3 500美元的HoloLens 2）为主，由于商用市场更注重硬软件整合效益，故主导商业系统、软件及平台的厂商更具优势，苹果也因此成为AR/VR装置市场另一焦点。

由于Oculus及微软产品出货量强劲，可能迫使苹果2022年推出相关产品加入竞争。不过集邦咨询表示，考量硬件性能要求和毛利率，苹果将可能锁定商用市场，并采取同一样HoloLens的定价策略，以1 000美元左右的硬件售价搭配每月订阅制的软件方案。整体而言，集邦咨询认为，苹果、Meta、SONY等2022年新品的上市时间可能递延，暂不会对整体AR/VR市场增添明显的成长力道。

对于如此乐观的业绩，高通相关负责人在接受财联社记者采访时说道："元宇宙是一个万物互联的愿景，它就像互联网的升级版，包括贯穿真实和虚拟世界的个性化数字体。这将借助VR/AR设备及创新产品、创新技术来实现，智能手机和PC也将扩展至元宇宙中，智能手表、耳机和智能中枢等终端将成为元宇宙的物理链路，元宇宙将促进大量全新终端形态涌现。相信XR将成为下一代计算平台，并实现和智能手机一样的规模。"这就意味着设备离不开"基建"的支撑。IDC认为，头部厂商的VR一体机设备预计将在2022年迎来显示、交互、追踪定位等方面的全面升级，预计在2022年，以运营商、底层硬件公司、互联网大厂为主的元宇宙基础设施建设参与者会领衔发力，相关的产品研发、操作平台创新、内容升级节奏加快。[①] 据IDC预测，2022

---

① 付静. 元宇宙是物联网新风口 半导体成"新基建"［EB/OL］. 2021 – 12 – 23. https://digi. china. com/digi/20211223/20211223963316. html.

年全球 VR 头显出货量 1 573 万台，同比增长 43.6%；到了 2024 年，这个数字将会超过 2 500 万台。

集邦咨询分析师曾伯楷坦言："物联网多元垂直领域中有许多产业有望乘元宇宙热潮，促使相关技术加速开发。爱立信的'时间关键型通信'、英伟达的 Omniverse 等均有望成为元宇宙底层技术，而感知层视觉、声学、环境等信息搜集、平台层 AI 精准分析算力、VR/AR 等人机界面，预测也将受惠于元宇宙愿景，成为物联网中加速发展的领域。"

高通相关负责人有着相似的判断："为实现元宇宙，相关技术需不断演进，例如 5G（迈入真正万物互联世界的基石）、计算摄影和计算机视觉（赋能深度感知、手部/眼球/姿势追踪）、AI（3D 重建、感知算法、情境语言理解/音频增强和创作等）、图形和显示技术（将世界从 2D 画面渲染成 3D）、沉浸式音效等，这些技术需要在眼镜等小型设备中，与传感器、触觉技术、定制化显示屏、逼真的虚拟化身、感知技术和电池相结合。"

媒体的报道显示，头部的科技企业正在全力地利用自身的竞争优势切入元宇宙业务。例如，在芯片板块，高通拓展 XR 的技术研发已有十多年，超过50 款基于骁龙平台的 XR 设备产品面市，其中就包括 Meta 和微软的终端。又如英特尔，该公司首席架构师 Raja Koduri 说道："在摩尔定律的驱动下，元宇宙将在信息丰富、实时连接、全球互联的 VR 和 AR 世界中让人们以全新的方式工作、娱乐、协作和社交。"

在硬件方面，有业内人士在接受媒体采访时直言不讳："元宇宙进入基建时代后，芯片行业有望率先受益。"纵观 A 股市场，已有芯片上市公司作出相关布局。见表 9 - 1。①

---

① 付静. 元宇宙是物联网新风口 半导体成"新基建"［EB/OL］. 2021 - 12 - 23. https://digi. china. com/digi/20211223/20211223963316. html.

表 9 - 1　A 股芯片上市公司布局元宇宙

证券简称	业务简介
瑞芯微	RK3288 和 RK3399 用于 VR 领域
乐鑫科技	在研 5G、Wi-Fi 6 产品线可用于 VR/AR 产品
博通集成	在研 5G、Wi-Fi 6 产品线可用于 VR/AR 产品
全志科技	VR 平台芯片 H8vr、VR9
景嘉微	关注图形处理芯片在不同领域的应用
炬芯科技	面向 VR 领域推出 S900、S700 和 S500
力源信息	代理的相关产品供给下游 VR 相关客户，如歌尔股份

　　对于 A 股芯片上市公司布局元宇宙，创金合信芯片产业股票基金经理刘扬分析道："短期内 A 股直接受益的芯片公司并不多，但从长期维度看，为元宇宙提供的终端芯片（特别是计算芯片、显示芯片和传感芯片）可能会有上百倍的需求。"

第四部分
全球科技巨头布局元宇宙

这是一个从量变到质变的过程，它意味着线上线下的一体化，实体和电子方式的融合。虚拟世界和真实世界的大门已经打开，无论是从虚到实，还是由实入虚，都在致力于帮助用户拥有更真实的体验。随着 VR 等新技术、新的硬件和软件在各种不同场景的推动，我相信又一场大洗牌即将开始。就像移动互联网转型一样，上不了船的人将逐渐落伍。

——腾讯创始人 马化腾

第 10 章 微软：积极拥抱元宇宙，
企业元宇宙与游戏同步发力

2022 年 1 月 18 日晚，美国微软公司对外宣布，拟以每股 95 美元、总计交易金额约 687 亿美元并购游戏开发和互动娱乐内容发行商——动视暴雪。

并购一旦完成，按照营业收入排序，微软将由此成为全球第三大游戏公司，排在中国的腾讯和日本的索尼之后。此次并购不仅刷新了微软公司的并购纪录，同时也成为全球互联网历史上最大的并购案之一。

微软公司董事长兼 CEO 萨提亚·纳德拉对此次微软并购动视暴雪，强化微软在元宇宙领域的布局战略意图直言不讳："游戏是当今所有平台中最具活力和令人兴奋的娱乐类别，也将在元宇宙平台的发展中扮演关键的角色。我们正在大力投资世界级的内容、社区和云，以开创一个将玩家和创作者放在首位的游戏新时代，让游戏变得更安全、包容，让所有人都可以使用。"

在萨提亚·纳德拉看来，这笔交易将在微软元宇宙平台的发展中扮演关键的角色。萨提亚·纳德拉在接受英国《金融时报》采访时说道："游戏将推动科技巨头的计算转型。最初为视频游戏开发的技术，有一天将塑造微软的大部分软件，并成为下一个大型计算平台的核心。"他直言，并购动视暴雪的战略意义，是微软迈向元宇宙，也即下一代互联网的重要一步，随着人们将更多的时间花在元宇宙上，这将成为未来线上互动的中心。① 事实上，微软涉

---

① 华尔街见闻. 微软 CEO 首次重磅详解：微软收购动视暴雪［EB/OL］. 2022 – 02 – 04. https://c. m. 163. com/news/a/GVB1CAPV002580S6. html.

足元宇宙的热情一直都很高。萨提亚·纳德拉在此前曾明确表示："元宇宙将会对世界产生巨大影响，微软也将以'全栈式'战略布局元宇宙。然而相较于竞争对手 Meta 在社交领域深厚的根基，微软想要切入 To C 端的元宇宙并不容易。纯粹的社交端口无法快速切入，游戏成了微软进军 To C 端、打造元宇宙的唯一道路。"微软此次并购动视暴雪，对于微软进军元宇宙来说，无疑又多了一支对抗 Meta 的劲旅。①

萨提亚·纳德拉对微软布局元宇宙游戏解释说道："游戏的美妙之处在于，你每年每天都会看到年轻人玩游戏，这会告诉你，他们对计算机中介界面（CMI）的期望是什么。因此，当这一代人接触与工作相关的一些方面时，你就可以判断出，他们对沉浸式环境的期望是什么。以我们正在做的关于人们应该如何与其化身相关联的研究为例。化身是什么？你和我可能会有一种特殊的理解，尤其是与那些已经在《我的世界》或《极限竞速》中建立了化身的小孩子相比。当我们在可能被认为是与工作相关的产品中引入新工具和新功能时，绝对是有必要的。"

一、收购动视暴雪是进军元宇宙的关键一步

作为全球知名的游戏厂商，受到并购消息的提振，动视暴雪的股价盘前大涨 37%，截至收盘价格为 82.31 美元，收涨 25.88%。据相关报道，这笔收购将包括动视、暴雪和国王工作室的标志性特许经营权。这其中就包含了大家熟知的游戏——《魔兽世界》《暗黑破坏神》《守望先锋》《使命召唤》和《糖果粉碎传奇》等。除此之外，此次收购还包括通过美国职业棒球大联盟进行的全球电子竞技活动。② 公开信息显示，该联盟在世界多地设有工作室，拥

---

① 港股解码. 近 700 亿美元！微软收购暴雪，"元宇宙拼图"何时完成？［EB/OL］. 2022 - 01 - 20. https://finance.ifeng.com/c/8Cxm25fI4PX.

② 罗茂林. 元宇宙再迎"炸裂"大事件！微软 687 亿收购动视暴雪 A 股游戏公司有望价值重估［N］. 上海证券报, 2022 - 01 - 19.

有近 1 万名员工。

在社交平台上，微软游戏业务 CEO 菲尔·斯宾塞发表《欢迎来自动视暴雪旗下的优秀团队及精彩游戏加入微软游戏大家庭》的署名文章，高调地宣布了微软公司并购动视暴雪这则信息："在 Xbox，我们的目标是将游戏的快乐与社区带给世界上的每个人。我们都知道游戏是一种极具活力的娱乐形式，同时我们也已体会到了游戏所带来的社交纽带与友谊的强大力量。在我们朝着这个目标不断前行的同时，我们在此非常高兴地向大家宣布，微软已经确认将收购动视暴雪。"

对于此次并购，菲尔·斯宾塞非常看好："我们非常高兴能有机会与 Activision Publishing、暴雪娱乐、Beenox、Demonware、Digital Legends 等，以及动视暴雪团队中的每一位专业成员深入合作。"究其原因，数十年来，动视暴雪旗下优秀的游戏工作室和团队赢得世界各地数十亿人的喜爱和尊重，其出品的游戏可谓是无数用户的美好回忆。

菲尔·斯宾塞在文中写道："在本次收购交易完成后，我们将在 Xbox Game Pass 和 PC Game Pass 中提供大量动视暴雪出品的游戏，包括动视暴雪丰富的游戏库中的全新作品及游戏。我们今天还宣布了 Game Pass 的订阅人数已经超过了 2 500 万人。我们将持续提升 Game Pass 的性价比，并将继续为广大玩家带来更多优秀的游戏作品。动视暴雪的加入也将进一步加快我们 Xbox 云游戏体验计划的进程，让世界各地更多的人能通过手机、平板电脑、笔记本电脑和其他现有设备加入 Xbox 游戏社区。动视暴雪的游戏在各平台上都广受欢迎，我们计划继续支持这些社区的发展。"

菲尔·斯宾塞热烈欢迎动视暴雪团队的加入，他写道："作为一家公司，微软在前进的道路中致力让我们的员工和广大玩家们都能参与到游戏的方方面面。我们十分珍视独立工作室文化。并且，我们还坚信，创造性的成功和自主性与以尊重的态度对待每个人密不可分。我们所有的团队成员及领导团队都将坚守这一承诺。我们期待将微软积极、包容的文化延伸到动视暴雪的优秀团队中。纵观整个世界，没有比游戏更富娱乐性与互联互通的事物了。

现在正是步入游戏世界的大好时机。随着我们将游戏的乐趣和社区扩展至每个人，我们满怀期待地欢迎动视暴雪的所有朋友共同加入微软游戏大家庭。"

媒体披露，在并购正式完成之前，动视暴雪和微软游戏将继续保持独立运营。当并购完成后，鲍比·科蒂克将继续担任动视暴雪公司的CEO，动视暴雪的项目决策将向微软游戏业务CEO菲尔·斯宾塞汇报。

微软公司此次"志在必得"的并购背后，其实与一个全新的商业概念关系密切，这就是"元宇宙"。① 这样的观点源于微软的一份声明："当前有30亿人在玩游戏，沉浸在互动游戏的乐趣中，游戏已发展成为规模最大、增长最快的娱乐形式。"此次并购无疑会加速微软公司在移动端、个人电脑、游戏机和云领域游戏业务的增长，为"元宇宙"的相关业务提供更为广阔的市场空间。

二、布局硬件入口、底层架构、内容与场景三大方向

从微软公开的信息来看，此次并购的意义非常深远。

第一，谋求填补其"元宇宙版图"。在发布此次收购消息的同时，微软表示，此次收购将使微软在移动端、个人电脑、游戏机和云上的游戏业务加速增长，并提供搭建元宇宙的基石。此次收购还将加强微软的Game Pass产品组合。微软计划将动视暴雪的游戏加入Game Pass中，后者已拥有超过2 500万名订阅用户。微软表示，凭借动视暴雪在全球每月近4亿名活跃玩家和30亿美元的特许经营收入，此次收购将使Game Pass成为业内最引人注目和最多样化的游戏内容阵容之一。完成交易后，微软将拥有30个内部游戏开发工作室，以及额外的出版和体育制作能力。微软称，这笔交易已经得到微软和动

---

① 屈丽丽. 元宇宙：一场全新的"商业机会版图"［N］. 中国经营报，2022–02–19.

视暴雪董事会的批准，但还要满足一些成交条件，以及得到监管部门和动视暴雪股东的批准。据预计，这笔交易将在 2023 财年（始于 2022 年 7 月）完成，交易完成后将增加微软的每股收益（非美国通用会计准则下）。①

动视暴雪 CEO 鲍比·科蒂克表示："30 多年来，我们才华横溢的团队创造了一些成功的游戏。我们的世界级人才和非凡的特许经营权，与微软的技术、分销、获取人才的渠道、雄心勃勃的愿景，以及对游戏的共同承诺相结合，将有助于确保我们在竞争日益激烈的行业中继续取得成功。"

第二，借此与目前全球元宇宙先锋 Meta 相抗衡，阻击其行业垄断地位。在过去的几年里，微软在游戏方面变得更加积极。2014 年微软以 25 亿美元收购了游戏开发商 Mojang。2021 年，微软完成了对游戏开发商 Bethesda 的 75 亿美元收购。这笔最新的交易将帮助微软在元宇宙时代更好地与 Meta 竞争。②对此，萨提亚·纳德拉在 2021 红杉数字科技全球领袖峰会上谈及元宇宙说："元宇宙跨越了物理和数字世界，将人、物、场在商业和消费互联网中融于一处，我们或许不该把它看作是单独的消费市场或企业级市场的现象，因为融合可能才是必需的。虽然没有那么引人入胜，但从某种意义上看，疫情中视频会议的普及已经让我们多少体验到了一个 2D 的元宇宙。那么，如果有一个 3D 的元宇宙又会怎样呢？能够真正超越空间和时间，这无疑是一个重要的发展方向。我对这些感到非常兴奋。"

客观地讲，微软入局元宇宙并非一时豪赌。究其原因，微软入局元宇宙有着自己的战略盘算。2021 年 9 月，萨提亚·纳德拉在 Inspire 2021 演讲中，首次提出"企业元宇宙"的概念，其具体含义指"随着数字与物理世界的融合而产生的基础设施堆栈的集合体"，是数字孪生、物联网与混合现实的结合。相较于 Meta 的元宇宙布局思路（UGC 内容、社交场景、家庭场景、工作

---

① 何小桃，王嘉琦，易启江. 微软史上最大收购！豪掷 4 300 亿现金买下动视暴雪，发力"元宇宙"！将成腾讯、索尼之后的第三大游戏公司［N］. 每日经济新闻，2022 – 01 – 19.

② 张赛男，夏馨. 微软天价收购动视暴雪入局元宇宙，云游戏成巨头"军备竞赛"先锋之战？产业链谁最受益？［N］. 21 世纪经济报道，2022 – 01 – 19.

场景），微软率先提出并专注于企业元宇宙这一方向。2021 年 11 月 3 日，微软在 Ignite 2021 技术大会上，再次提及了"企业元宇宙"，并围绕元宇宙发布了两项重要功能——Dynamics 365 Connected Spaces 和 Mesh for Teams。

在企业元宇宙的布局中，微软通过数字孪生、混合现实与元宇宙应用程序（数字技术基础设施的新层次）实现物理与数字的真实融合来完成企业元宇宙技术堆栈。微软的企业元宇宙技术堆栈（从物理世界到元宇宙）非常完善，具体包括：①Azure IoT；②Azure 数字孪生；③Azure 地图；④Azure Synapse 分析；⑤Azure 人工智能 & 自动化系统；⑥Microsoft Power 平台；⑦ Microsoft Mesh & 全息镜头。同时，微软将通过 Mesh、Azure 云、Dynamics 365、Windows Holographic、MRTK 开发工具等一系列工具/平台帮助企业客户实现数字世界与现实世界融为一体。①

北京大学汇丰商学院商业模式研究中心、安信证券元宇宙研究院在《元宇宙 2022——蓄积的力量》报告中提到："按照我们划分的元宇宙研究框架的六大组件，目前微软在硬件入口、底层架构、内容与场景这三大方向上均着力布局，通过 HoloLens、Mesh、Azure 云等一系列工具/平台帮助企业客户实现数字世界与现实世界融为一体。"② 见图 10 - 1。

微软在元宇宙版图的发力，不仅仅在企业元宇宙，还把 Xbox 游戏平台纳入自身的元宇宙生态中。从公开的信息来看，微软公司如今不仅是全球三大游戏机制造商之一，也是 PC 游戏市场的重要参与者。旗下多款游戏如《我的世界》《模拟飞行》《光晕》，走在探索元宇宙的前沿：2015 年，微软专为 HoloLens 眼镜打造了一款《我的世界》专门版，将像素沙盒游戏《我的世界》从屏幕上"搬"到了现实中。《模拟飞行》堪称史上最逼真、包含对象最广泛的飞行模拟游戏。游戏中包括 2 万亿棵单独渲染的树木、15 亿座建筑

① 北京大学汇丰商学院商业模式研究中心，安信证券元宇宙研究院. 元宇宙 2022——蓄积的力量 [R]. 2022 - 01 - 01：6 - 200.

② 同上。

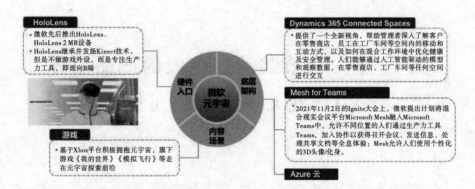

图 10 - 1　微软布局硬件入口、底层架构、内容与场景三大方向

物以及全球几乎所有道路、山脉、城市、机场等，玩家可以在模拟现实世界天气与位置的多人游戏环境中驾驶飞机。此外，萨提亚·纳德拉还展望了对现有游戏的改造计划——将 2D 游戏改编为真正的 3D 游戏。[①]

　　①　北京大学汇丰商学院商业模式研究中心，安信证券元宇宙研究院. 元宇宙 2022——蓄积的力量［R］. 2022 - 01 - 01：6 - 200.

第 11 章 字节跳动：庞大的产品矩阵
为创建元宇宙提供可能

在中国市场，随着 VR 的热度渐增，字节跳动通过子公司——北京星云创迹科技有限公司并购 VR 创业公司——小鸟看看 100% 的股权，并且将其并入相关的 VR 业务板块。

2021 年 8 月 29 日，青岛小鸟看看科技有限公司向员工发出内部信件，披露该公司被字节跳动收购。在内部信中介绍称："用户在享受原有服务的基础上，未来将获得更多内容支持和技术升级服务。"

《元宇宙：人类的数字化生存，进入雏形探索期》的报告数据显示，字节跳动早已布局探索元宇宙所需的技术储备。[①] 见图 11 - 1。据了解，小鸟看看并入字节跳动的 VR 相关业务板块，与字节跳动的技术研发和内容资源相整合，字节跳动将加大产品研发和开发者生态建设的投入。报告数据显示，字节跳动已经建立起了庞大的内容运营体系，与元宇宙的内容生产体系较为类似。[②] 见图 11 - 2。

---

① 中信证券研究部. 元宇宙：人类的数字化生存，进入雏形探索期 [R]. 2021 - 09 - 12: 2 - 170.

② 同上。

自然语言处理：
· Byte Translator(为字节跳动所有产品提供翻译服务)
· AI写稿机器人
· 涉猎体育、金融、时事的新闻写作机器人

 计算机视觉：
· 内容审核
· 短视频推荐系统
· 足球比赛理解
· 尬舞机

 机器学习：
· 提供个性化新闻、视频和其他类型的媒体

 数据挖掘：
· 提供了浏览大量用户生成的数据和发现模式的方法，是最有价值的资源

 计算机图形和增强现实：
· 这项技术的应用涉及增强我们的自然外观、环境以及通过新的互动元素丰富我们的视觉世界

 系统和网络：
· 机器学习培训
· 机器学习推理
· 云计算

安全和隐私：
· 过滤垃圾邮件、敏感和不适当的内容、假新闻以及任何可能对社会造成不良影响的信息，保证在线社区的安全

 语音与音频：
· AI辅助呼叫中心
· 虚拟广播员和歌手
· 具有语音功能的机器人和设备

图 11-1　字节跳动布局探索元宇宙所需的技术储备

资料来源：字节跳动人工智能实验室。

图 11-2　字节跳动建立的内容运营体系

资料来源：巨量引擎、中信证券研究部。

一、并购小鸟看看股权

据公开资料介绍，小鸟看看目前已成为国内领先的 VR 一体机生产商。从股权结构上看，歌尔集团直接、间接持有公司超过 42% 的股份。其他股东中，还有另一家崂山区国资平台青岛巨峰科技创业投资有限公司，以及同为歌尔微电子股东的荣成市城建投资开发有限公司。[①]

企查查的数据信息显示，小鸟看看合计 9.13% 的股权成功挂牌转让，转让方为青岛巨峰科技创业投资有限公司、青岛微电子创新中心有限公司、荣成市城建投资开发有限公司三家国有股东，挂牌价格分别为 44 113.909 5 万元、19 307.584 74 万元、19 307.584 74 万元，受让方为北京星云创迹科技有限公司（字节跳动子公司）。

按照山东产权交易中心的转让价格计算，挂牌底价约 165 元/股，小鸟看看的估值约 90.59 亿元，印证了字节跳动收购交易金额 90 亿元的传闻。两家崂山区国资平台——青岛巨峰科创创业投资有限公司和青岛微电子创新中心有限公司此次转让股权合计进账 6.34 亿元。爱企查的数据显示，字节跳动 100% 控股小鸟看看。见图 11 - 3。

梳理小鸟看看的发展历程发现，在小鸟看看的早期阶段，青岛市崂山区政府通过青岛巨峰科技创业投资有限公司和青岛微电子创新中心有限公司两大国资平台股权投资小鸟看看，助力小鸟看看在 VR、AR 等核心技术及产品业务板块的研发。其中，青岛巨峰科技创业投资有限公司在 2018 年跟投小鸟看看，金额达到 1.675 亿元，小鸟看看完成 A 轮融资。随后，小鸟看看也得到青岛微电子创新中心有限公司的后续融资。在青岛巨峰科技创业投资有限公司和青岛微电子创新中心有限公司完成小鸟看看股权投资的同时，小鸟看

---

① 雪球网. 小鸟看看（Pico）完成 2.42 亿元 B + 轮融资 [EB/OL]. 2021 - 03 - 03. https://xueqiu.com/8021292198/173350500.

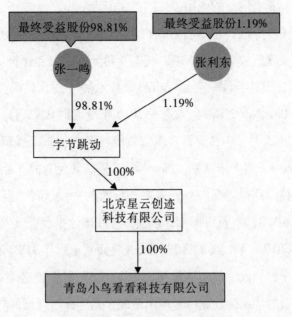

图 11 - 3　小鸟看看的股权结构

看的法人代表由李飞变更为周宏伟，并且担任执行董事兼经理。不仅如此，周宏伟还曾任歌尔声学副总裁。

公开资料还披露了小鸟看看的 B & B + 轮融资情况。2021 年 3 月 2 日，小鸟看看宣布完成 2.42 亿元人民币的 B + 轮融资，本轮融资由基石资本、深圳市伊敦传媒投资基金、建银国际、建银苏州科创基金等共同完成。公开资料显示，在本轮融资完成后，小鸟看看 B & B + 轮整体融资额已达 4.35 亿元人民币。①

公开资料披露，小鸟看看是全球领先的具备独立创新和研发制造能力的 VR/AR 品牌，旗下 VR 产品销量长期居国内市场首位。其中 Pico G 系列产品主打观影、轻交互的使用场景，Neo 系列产品支持头手 6DoF 交互，在游戏和

---

① 巨峰科创官网. 小鸟看看（Pico）完成 2.42 亿元 B + 轮融资 [EB/OL]. 2021 - 03 - 04. http://www.qdjfvc.com/news/detail?pid = 2213.

商业应用领域等都有广泛的应用。①

　　由于拥有不少专利，小鸟看看获得了各方好评。截至目前，小鸟看看已拥有国内专利受理授权合计 725 项，美国专利受理授权合计 38 项，PCT 共 18 项。2020 年度，小鸟看看荣获北京市科学技术奖（技术发明奖一等奖），旗下旗舰级产品 Pico Neo 2 Eye 也入选了 2020 年度《时代周刊》全球 100 大最佳发明。2021 年 5 月，小鸟看看在水立方成功发布了旗下最新一代 6DoF VR 一体机 Pico Neo 3。自上市以来，Pico Neo 3 凭借其优秀的产品综合性能及高质量的团队支持，获得了海内外开发者和玩家的一致认可，当前小鸟看看平台已上线品质 6DoF 游戏及应用 150 余款，年底预计平台可玩内容将有 200 多款。诸如 SUPERHOT VR、《幻音骑士》、《雇佣战士》等 TOP 级 VR 大作，目前国内一体机平台均仅上线小鸟看看。此外，小鸟看看还充分发挥本地优势，积极为海外引进的优质游戏进行本地化适配，尤其针对《雇佣战士》《超能军团》《乒乓：致胜 11 分》等多人联机类游戏。②

　　凭借强劲的业绩，小鸟看看已经正式跻身"独角兽"的行列，同时还在 2021 年第一季度持续保持中国 VR 市场份额第一。

　　2021 年 7 月，长城战略咨询发布的中国潜在独角兽榜单，小鸟看看榜上有名。据了解，该榜单的入选标准是企业必须成立五年以上，估值达到 5 亿美元。

　　企查查的数据信息显示，青岛小鸟看看成立于 2017 年 11 月 27 日，注册地位于山东省青岛市崂山区松岭路 393 号北京航空航天大学青岛研究院 3 号楼 4 楼，其 VR 一体机产品销量长期居国内市场第一，被视为"元宇宙"概念公司。见图 11 - 4。

　　IDC 发布的《2021 年第一季度中国 AR/VR 市场跟踪报告》显示，2021

---

　　① 映维 Nweon. Pico 稳居国内 VR 市场首位，2021 Q2 一体机市占率超 50%［EB/OL］. 2021 - 11 -11.

　　② 同上。

统一社会信用代码	91370212MA3EXC8B91	企业名称	青岛小鸟看看科技有限公司		
法定代表人	周宏伟　关联7家企业 >	登记状态	在营（开业）企业	成立日期	2017-11-27
注册资本	5477.91万元人民币	实缴资本	-	核准日期	2022-03-30
组织机构代码	MA3EXC8B-9	工商注册号	370212230213420	纳税人识别号	91370212MA3EXC8B91
企业类型	有限责任公司（非自然人投资或控股的法人独资）	营业期限	2017-11-27 至 无固定期限	纳税人资质	增值税一般纳税人
所属行业	科技推广和应用服务业	所属地区	山东省	登记机关	青岛市崂山区市场监督管理局
人员规模	50-99人	参保人数	84 趋势图 >	曾用名	-
英文名	Qingdao PICO Technology Co., Ltd.			进出口企业代码	3702MA3EXC8B9
注册地址	山东省青岛市崂山区松岭路393号北京航空航天大学青岛研究院3号楼4楼　附近企业				
经营范围	一般项目：技术服务、技术开发、技术咨询、技术交流、技术转让、技术推广；计算机系统服务；软件开发；广告制作；广告设计、代理；广告发布；电子产品销售；组织文化艺术交流活动；咨询策划服务；货物进出口；技术进出口；游艺及娱乐用游艺设备制造；游艺用品及室内游艺器材销售；可穿戴智能设备销售；可穿戴智能设备制造；虚拟现实设备制造。（除依法须经批准的项目外，凭营业执照依法自主开展经营活动）				

图 11 - 4　小鸟看看的工商信息

年第一季度，小鸟看看持续保持中国 VR 市场份额第一，在国内一体机市场
2021 年第一季度的份额为 37.6%。见表 11 - 1、表 11 - 2。

表 11 - 1　全球 AR 市场排名前五的厂商市场销售情况

品牌	2020 Q1 出货量（台）	2020 Q1 市场份额	2021 Q1 出货量（台）	2021 Q1 市场份额	同比增幅
Oculus	215 803	30.4%	663 302	60.8%	207.4%
DPVR	18 523	2.6%	125 969	11.6%	580.1%
Pico（小鸟看看）	67 182	9.5%	97 230	8.9%	44.7%
HTC	37 506	5.3%	18 523	1.7%	− 50.6%
SONY	91 702	12.9%	18 437	1.7%	− 79.9%
其他	278 980	39.3%	166 683	15.3%	− 40.3%

资料来源：IDC、中信证券研究部。

表 11-2 中国 AR 市场排名前五的厂商市场销售情况

品牌	2020 Q1 出货量（台）	2020 Q1 市场份额	2021 Q1 出货量（台）	2021 Q1 市场份额	同比增幅
Pico（小鸟看看）	49 157	26.0%	86 470	37.6%	75.9%
DPVR	40 602	21.5%	75 366	32.7%	85.6%
爱奇艺	17 819	9.4%	15 887	6.9%	-10.8%
HTC	10 401	5.5%	9 685	4.2%	-6.9%
Shadow Creator	22 300	11.8%	8 500	3.7%	-61.9%
其他	48 976	25.9%	34 264	14.9%	-30%

资料来源：IDC、中信证券研究部。

二、"硬件 + 内容" 的逻辑

可能你会问，小鸟看看背靠歌尔，为什么还会被并购呢？原因如下：

（1）与歌尔保持密切的联系。歌尔是小鸟看看的大股东，同时小鸟看看的法人兼董事长姜龙是歌尔董事长姜滨的弟弟。公司创始人、总经理周宏伟曾是歌尔的副总裁。

（2）小鸟看看背靠供应链龙头，发展势头正好，投资机构认可。2021 年3 月，小鸟看看完成 2.42 亿元的 B + 轮融资，投资方包括基石资本、深圳市伊敦传媒投资基金、建银国际、建银苏州科创基金等。

据科技媒体 36 氪报道，作为 Facebook（现更名为 Meta）旗下 Oculus 的代工方的歌尔，与小鸟看看保持着过于亲密的合作关系，Facebook 对此非常不满。36 氪在报道中引用了相关人士的说法："Facebook 一度想要换掉歌尔的代工厂角色，因此歌尔一直在寻求出售 Pico（小鸟看看）的机会。"在歌尔公司 2021 年上半年年报中，歌尔实现营收 302.88 亿元，同比大涨 94.49%。其中，业绩大增主要得益于公司 VR 等产品销售收入，当中重要的推手就是 Facebook Oculus 销量大增。

（3）自创立之初，被巨头收购便是的小鸟看看目标之一。在接受媒体采访时，小鸟看看创始人周宏伟就有过类似的表述："国内的一些游戏、互联网巨头，我觉得他们必然会（对 VR）有投入，我们希望在那个时候 Pico 是最好的，作为他们的一个合作者也好，或者是一个投资标的也好。"

（4）小鸟看看从成立到被收购的几年里，经历了 VR 行业被资本市场追捧和泡沫破裂时刻，竞争也较为激烈。披露的财报数据显示，小鸟看看并没有实现盈利，反而出现亏损。截至 2021 年 9 月 30 日，小鸟看看实现营业收入 2.52 亿元，净利润为 -8 714.45 万元。

小鸟看看出现亏损的原因有很多：

（1）VR/AR 相关产品的商业化还处在早期阶段，VR 和 AR 在消费设备中的普及，尚未解决带宽、内容、设计、处理性能、成本等问题。

（2）在内容生态方面，游戏是 VR 和 AR 最主要的应用领域，然后是电子商务、广告、教育和医疗，还缺乏一款"杀手级"应用。周宏伟此前表示："2021 年 Pico 的战略和使命是激活并做大国内 C 端市场，积累丰富且优质的内容，实现用户规模上的突破。"

（3）VR 产品必须解决眩晕感问题。周宏伟说道："公司新产品 Neo 3 的防眩晕技术不仅实现了从运动到显示的低延时，在屏幕的刷新率、处理器的处理能力以及交互算法的精度等方面均实现了突破。"从国内出货量的份额来看，Pico 已经稳居第一。行业分析机构 IDC 2021 年 3 月发布的《2020 年第四季度中国 AR/VR 市场跟踪报告》显示：2020 年，Pico 位居国内 VR 一体机市场份额第一，其中 Q4 份额高达 57.8%。[①]

字节跳动并购小鸟看看后，上述问题尤其体现在硬件、软件、内容、应

---

① 苏建勋. 字节跳动入局 VR：拟收购 Pico，挖来苹果资深工程师［EB/OL］. 2021 - 08 - 29. https://news. futunn. com/post/10155518?level = 1&data_ ticket = 1652149064132356.

用和服务的全产业链环节方面，字节跳动可能借助元宇宙的春风，让小鸟看看焕发活力。公开资料显示，小鸟看看已经申请注册"Pico 元宇宙"商标。字节跳动产品和战略副总裁朱骏回应道："注册相关商标主要为了防止 Pico 品牌被抢注用于元宇宙概念炒作，属于保护性注册。"

　　字节跳动收购小鸟看看，战略意图还是涉足元宇宙。字节跳动想要凭借自身的社交、内容、全球化优势，将抖音、飞书应用到下一代颠覆手机的终端设备中。《元宇宙：人类的数字化生存，进入雏形探索期》的报告数据显示，字节跳动拥有中国本土乃至全球领先的内容生产与运营平台①。见图 11－5。

图 11－5　字节跳动的内容生产与运营平台

　　基于"硬件＋内容"的逻辑，字节跳动与小鸟看看的联合显得顺理成章。在元宇宙的赋能下，VR 产业的春天已经来临。IDC《全球增强与虚拟现实支出指南》从现实类型、技术、行业用户和应用场景等多个维度展望未来五年（2022—2026 年）AR/VR 市场发展情况。IDC 预测数据显示，2021 年全球

---

　　①　中信证券研究部. 元宇宙：人类的数字化生存，进入雏形探索期［R］. 2021－09－12：2－170.

AR/VR 总投资规模接近 146.7 亿美元，并有望在 2026 年增至 747.3 亿美元，五年复合年均增长率将达 38.5%。其中，中国市场五年复合年均增长率预计将达 43.8%，增速位列全球第一。

该报告还提到，从 VR 市场来看，随着消费者市场的增长，消费端的游戏应用数量和质量均明显提升。IDC 预测，在五年预测期内，VR 游戏以超三成的占比持续领跑 VR 市场。2026 年 VR 游戏、VR 培训和 VR 协作预计将在中国成为 VR 主要应用场景，三者合计占比将超过 50%。[1]

---

[1] IDC 中国. IDC 预计，2026 年中国 AR/VR 市场规模将超 130 亿美元 [EB/OL]. 2022 - 05 - 26. https://www.idc.com/getdoc.jsp?containerId = prCHC49165722.

第12章 腾讯：社交＋内容，布局全真互联网

在元宇宙火热的商业前景中，腾讯创始人马化腾依旧有着自己超前的理解。在腾讯2020年度特刊《三观》中，马化腾写道："一个令人兴奋的机会正在到来，移动互联网十年发展，即将迎来下一波升级，我们称之为全真互联网。"

北京大学汇丰商学院商业模式研究中心与安信证券元宇宙研究院共同发布的《元宇宙2022——蓄积的力量》的报告中介绍了腾讯的元宇宙——"拼图较为完善，多赛道投资布局"。该报告写道："腾讯具备布局元宇宙的优越条件，通过资本（收购＆投资）＋流量（社交平台）组合拳，未来将像搭积木一样探索与开发元宇宙。按照我们划分的元宇宙研究框架的六大组件，腾讯在底层架构（虚幻引擎）、后端基建（云服务、大数据中心）、内容与场景（各类型内容产品与成熟的社交网络互通生态）这三大方向上均着力布局。"见图12-1。

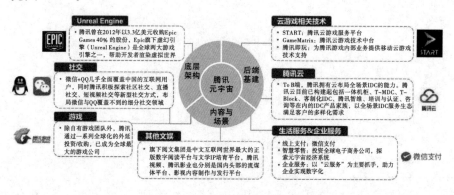

图12-1 腾讯元宇宙的三大支柱

资料来源：《元宇宙2022——蓄积的力量》。

一、腾讯的社交与内容产业布局

在社交板块，"微信＋QQ接近全覆盖，并探索新型社交布局细分领域。内容与场景的板块，腾讯在社交、游戏、娱乐内容等领域的优势地位稳固。其中微信、QQ是腾讯核心的用户流量护城河，据腾讯控股财报，截至2020年底，微信用户规模为12.51亿人，QQ用户规模为6.17亿人。在保持熟人社交头部优势的同时，腾讯也通过深耕垂直领域推出新型社交产品，塑造更完整的社交产品矩阵，如社区社交型产品Q次元、Soul，短视频社交型产品猫呼、微信视频号等"。[①]

当我们梳理社交软件时发现，腾讯的微信、QQ的社交地位较为稳固，并以社交为核心布局内容生态，其溢出的优势非常大，外延布局其他数字内容业态也较为丰富。见图12-2。

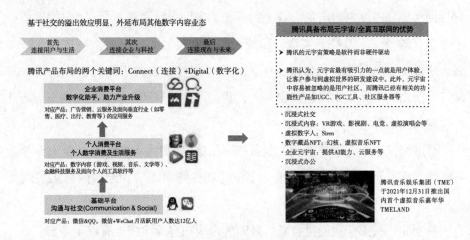

图12-2　腾讯核心布局内容生态

资料来源：《元宇宙2022——蓄积的力量》。

---

① 北京大学汇丰商学院商业模式研究中心，安信证券元宇宙研究院. 元宇宙2022——蓄积的力量［R］. 2022-01-01：6-200.

在腾讯的元宇宙版图中，硬件入口是其短板，尤其是随着头部企业纷纷涉足"元宇宙"产业，特别是 VR 产业，已被头部企业当作率先抢滩下一代互联网滩头的"炮击点"。腾讯也是如此。

二、并购黑鲨科技游戏手机公司

2022 年 1 月 10 日，媒体报道了腾讯拟收购一家名叫黑鲨科技的游戏手机公司。一旦此次并购完成，黑鲨科技这家以游戏手机为主的硬件厂商必然面临战略转型——未来的业务重点将从游戏手机整体转向 VR 设备。

这意味着由黑鲨科技提供 VR 硬件入口，母公司腾讯则提供海量的内容，这无疑是一个完美的布局。由于没有公开具体的并购价格，业内人士分析认为，黑鲨科技的估值大约为 30 亿元。头部企业都在通过投资、并购等方式努力地布局元宇宙。网易创始人丁磊认为，网易已经做好元宇宙的部署了。丁磊在网易第三季度财报电话会议上回答元宇宙问题时说道："元宇宙的确是一个非常火的概念，但是老实说，目前谁也没有接触到元宇宙。在技术和规划各个层面上，网易已经做好准备了，我们懂得怎么去做规则的设计和技术的储备。所以，当元宇宙降临的那一天，我们不会没有准备，我们可能是'枪'一响跑得比谁都快。"

百度则推出了元宇宙的相关业务——希壤。[①] 更为重要的是，作为头部企业的腾讯涉足元宇宙，必然侧重元宇宙的硬件终端入口和虚拟内容场景两大支柱。

鉴于此，头部企业通过投资、并购的方式布局元宇宙，有以下考虑：

（1）弥补其在硬件环节的不足，其次，腾讯并购黑鲨科技的关键原因是黑鲨科技团队来自华为系，拥有硬件供应链优势，双方早有合作，且有着信

---

① 镁客网. 腾讯跑步进入元宇宙［EB/OL］. 2022－01－14. https://xw.qq.com/cmsid/20220114 A099E300.

任基础。见表 12 – 1。

表 12 – 1　黑鲨科技核心成员

姓名	简介
罗语周	黑鲨联合创始人兼现任 CEO，曾任华为公司中国地区消费者业务副总裁
钟季辉	黑鲨科技执行董事
吴伟智	黑鲨科技董事

资料来源：天眼查。

（2）结合企业自身的战略转型，为中长期的战略规划而深度布局元宇宙赛道，由此完成商业化项目落地。

（3）互联网已经发展了 20 多年，高速发展的红利期已经接近尾声。移动互联网的流量见顶，存量赛道已经拥挤不堪。在监管层面打击资本无序扩张与规范平台经济发展的大环境下，发力"元宇宙"的战略转型动机更大。

鉴于以上三点，拥有丰富内容生态与技术力的腾讯，通过并购的方式打造一个自己的 VR 硬件入口，抢占先发优势。

天眼查信息显示，黑鲨科技成立于 2017 年。腾讯科技报道称，2017 年 8 月，黑鲨科技获得首轮融资。投资者是小米全资控股的天津金星创业投资有限公司，以 1 100 万元的价格并购黑鲨科技 21.94% 的股份。黑鲨科技的法定代表人、总经理兼董事长吴世敏与吴伟智通过南昌金鲨科技合伙企业（有限合伙）控股黑鲨科技 29.62% 的股份。据了解，黑鲨科技总部设在南昌，在上海设有研发中心，拥有深圳分公司及北京销服中心。人员来自腾讯、华为、三星等，研发人员超过 85%。[①] 36 氪报道也提到，此次收购行动已经得到了小米高层方面的认同。

事实上，成立至今，黑鲨科技累计推出数款游戏手机，成为多个游戏与

---

① 郭晓峰. 黑鲨游戏手机发布 高铁五小时谈下雷军投资［EB/OL］. 2018 – 04 – 13. https://tech. qq. com/a/20180413/020319. htm.

移动电竞赛事的官方指定用机。相关数据显示，黑鲨手机的市场占有率一度超过 70%。自 2020 年起，黑鲨手机则开始与腾讯合作，为其加入独占的游戏功能。例如，黑鲨 2 与黑鲨 3 都为腾讯旗下《和平精英》《QQ 飞车手游》等热门手游提供了定制优化。①

腾讯游戏内容生态的加持成为黑鲨手机系列产品的一个卖点，这就为腾讯并购黑鲨科技，杀入 VR 赛道，甚至是为元宇宙的新起点打下坚实的基础。《元宇宙 2022——蓄积的力量》的数据显示，腾讯是全球最大的游戏公司，持股拳头游戏 100% 的股份，后者代表作为全球最流行的电竞游戏《英雄联盟》；持股 Epic Games 约 40% 的股份，布局虚幻引擎开发平台、《堡垒之夜》游戏内容；持股蓝洞公司 11.5% 的股份，蓝洞公司的代表作为《绝地求生：大逃杀》；持股育碧 5% 的股份；持股动视暴雪 5% 的股份等。②

当然，腾讯之所以继续投资游戏，是因为游戏仍旧是目前移动互联网的最高级形态，也是距离元宇宙最近的"入口"体验。腾讯已经占据了"入口"体验优势，《Roblox》《堡垒之夜》被看作是当前最接近元宇宙形态的两大游戏。在初期版本的元宇宙中，这些游戏将使人们参与及沉浸其中。2022—2023 年，腾讯将在游戏板块加大 VR 产品研发投入，提供更高参与度、用户体验更好的产品。③ 2021 年，腾讯的游戏收入同比增长 9.9%，达到 322 亿美元。

对于元宇宙相关生态体系的构建，腾讯基于"内容 + 硬件"的逻辑，并购黑鲨顺理成章。不仅如此，腾讯也需要注入新的利润增长点。2020 年初，腾讯首席 James Mitchell 在一次游戏投资策略会上说道："游戏行业不应该有

---

① 镁客网. 腾讯跑步进入元宇宙［EB/OL］. 2022 – 01 – 14. https://xw. qq. com/cmsid/20220114 A099E300.

② 北京大学汇丰商学院商业模式研究中心，安信证券元宇宙研究院. 元宇宙 2022——蓄积的力量［R］. 2022 – 01 – 01：6 – 200.

③ 镁客网. 腾讯跑步进入元宇宙［EB/OL］. 2022 – 01 – 14. https://xw. qq. com/cmsid/20220114 A099E300.

这么高的投资回报率，这只能说明我们投资的失败案例不够多。为什么失败案例不多？那是因为我们看的不够多，投资太保守。"

按照这样的逻辑，腾讯具备账面充裕的现金流，自然需要好的赛道进行投资，"宁可投错，不能错过"。因此，元宇宙作为下一代互联网，尤其是其潜在的入口，像腾讯这样老牌的互联网头部企业，断然不会主动错失抢夺元宇宙这张船票的机会。①

在腾讯财报业绩电话会上，马化腾谈及元宇宙："元宇宙是个值得兴奋的话题，我相信腾讯拥有大量探索和开发元宇宙的技术和能力，例如在游戏、社交媒体和人工智能相关领域，我们都有丰富的经验。将虚拟的世界变得更加真实，以及让真实的世界更加富有虚拟的体验，这是一种融合的方向，也是腾讯的一个大方向。"

---

① 镁客网. 腾讯跑步进入元宇宙［EB/OL］. 2022 – 01 – 14. https://xw. qq. com/cmsid/20220114 A099E300.

第 13 章 百度：决胜 AI 时代，
积极布局元宇宙

经过 20 多年的经营，百度已经由提供单一搜索引擎服务的企业成功地转型为内容生态与人工智能深度融合的公司。此阶段分为三个部分：

（1）2000 年起，百度通过本土化策略，成功地抢占了 PC 端搜索引擎的流量入口，与谷歌和本土搜索引擎企业竞争，成为第一代中国互联网头部企业之一。

（2）2010 年起，随着手机、平板电脑的普及，移动互联网得到迅猛发展，腾讯、阿里巴巴、360 等企业涉足移动互联网，但是百度错失移动互联网发展的黄金期。

（3）从 2016 年开始，百度做出战略转型，重点拓展人工智能、智能云、自动驾驶等新科技蓝海市场，试图打造新的利润增长点。鉴于百度在人工智能板块的深耕，其布局元宇宙的战略逻辑非常清晰。见图 13 – 1。

一、深耕人工智能板块，布局元宇宙

《元宇宙 2022——蓄积的力量》报告显示，在当前阶段，百度布局元宇宙方向的资源禀赋主要体现在人工智能和硬件入口两个方面①。

在人工智能方面，百度率先布局"AI + 云"战略，其底层技术非常扎实。

---

① 北京大学汇丰商学院商业模式研究中心，安信证券元宇宙研究院. 元宇宙 2022——蓄积的力量 [R]. 2022 – 01 – 01：6 – 200.

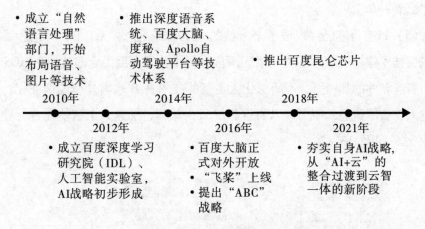

图 13-1　百度人工智能发展历程

资料来源：百度官网、百度招股说明书、百度大脑官网。

究其原因，百度拓展人工智能板块的业务相对较早，并且已经逐步释放人工智能的能力。

《元宇宙 2022——蓄积的力量》报告提到，百度先于阿里巴巴、腾讯布局人工智能，以搜索场景为起点，现已经形成完整的人工智能生态：

（1）2010 年以前，百度技术的迭代主要围绕其搜索业务开展。2010—2015 年，百度持续布局人工智能技术，并逐步研发 NLP、机器翻译、语音、图像、知识图谱、机器学习等技术。

（2）2016 年，"百度大脑"发布，并对外开放人工智能核心技术，不断赋能各个产业。

（3）2016 年，百度还推出"飞桨"深度学习平台，赋能自身移动生态，提高搜索效率，根据 2019 年百度世界大会，百度搜索结果的首条满足率在 2017—2019 年分别达到 16%、37%、58%。

（4）2018—2021 年，百度通过组织架构升级及战略升级，不断推动"AI + 云"战略，通过自身人工智能体系中的"飞桨"深度学习平台与百度昆仑芯片，在软硬件方面分别积累了算法与算力等方面的优势，推动百度智能云实

现"云智一体"。①

（5）目前百度已经形成了全方位的人工智能生态体系，以"百度大脑"为底层技术核心引擎，在"飞桨"深度学习平台、百度昆仑芯片、DuerOS 平台与智能硬件的加持下，不断深化人工智能技术在 B 端客户侧的商业化，并通过人工智能赋能云服务，以百度智能云为载体，加速人工智能在各行业的商业化。② 见图 13 - 2。

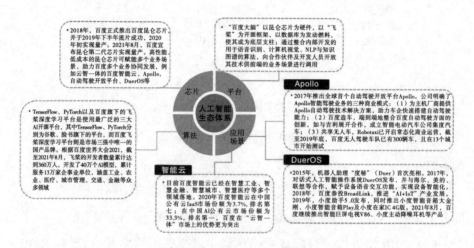

图 13 - 2　百度 AI 生态

随着通信技术的高速发展，5G 技术不仅可以提供低延时的网络，同时也会改变人们的工作生活。为此，时任百度集团总裁兼首席运营官陆奇称，在5G 创造的新移动环境下，"AI 是 5G 网络下最好的伙伴或者说是最好的加速器"。

在陆奇看来，5G 带来的变革，不单单局限在通信行业，其力量在于与其他行业的深度融合。陆奇以百度的 Apollo 为例，称 5G 技术将使得通信延迟极大地降低，让车对车通信、车对人通信、车对基础设施通信变得更加流畅、

---

① 北京大学汇丰商学院商业模式研究中心，安信证券元宇宙研究院. 元宇宙 2022——蓄积的力量［R］. 2022 - 01 - 01：6 - 200.

② 同上。

稳定，自动驾驶体验将得到提升。

对于人工智能技术，陆奇非常看好。陆奇坦言，百度正在"利用 AI 来变革当前的业务"，比如借助人工智能技术使搜索、视频娱乐业务具备更精准的检索和推送等能力。同时百度也在"通过 AI 打造一系列的新业务，尤其是自动驾驶汽车和对话式 AI"，Apollo 和 DuerOS 在人工智能技术的推动下已经取得了新进展，并展现出较强的增长势头。

2017 年 3 月 21 日，百度创始人李彦宏在北京与以色列总理内塔尼亚胡进行了一场对话。李彦宏认为，互联网就像一道开胃菜，而主菜是人工智能。央广网整理的资料显示，从 2013 年开始，百度就已经开始着手人工智能的相关研究。见表 13-1。

表 13-1　百度人工智能领域战略布局

序号	时间	事件	详情	战略意义
1	2013 年 1 月	中美两地设立人工智能研究中心、成立百度深度学习研究院	组建人工智能团队；李彦宏提出百度将成立专注于深度学习的研究院，并命名为 Institute of Deep Learning（简称 IDL）	百度人工智能战略的开端
2	2013 年 4 月—2014 年 1 月	设立硅谷人工智能实验室；IDL 启动"少帅计划"	在谷歌后花园安家，聘请首位研究员；针对 30 岁以下的优秀人工智能技术人才的甄选和培养，"少帅"们如果通过 3 年考核，即有机会获得"百度天使投资"，并全权带领 20～30 人的团队，独立领导创新项目	聚焦人才、培养人才
3	2014 年 5 月	世界顶级人工智能专家吴恩达加入	宣布正式成立硅谷人工智能实验室	人才搭建基本完善

（续表）

序号	时间	事件	详情	战略意义
4	2014 年 9 月	涉足自动驾驶；发布大数据平台	百度与宝马签署合作协议，开始着手布局自动化驾驶；整合大数据、百度地图 LBS（基于位置的服务）的智慧商业平台，为各行业提供大数据解决方案	AI + 自动驾驶；大数据平台成立
5	2014 年 12 月	深度语音系统 Deep Speech 发布	在特定环境下的语音识别准确率超过了苹果、谷歌的产品	提供精准的语音识别
6	2015 年 6 月	离职潮	离职人员包括 IDL 常务副院长余凯、百度 IDL 主任研发架构师顾嘉维以及百度无人驾驶汽车团队前负责人倪凯等	—
7	2015 年 9 月	推出机器人助理"度秘"	为用户提供秘书化搜索服务，比如美食推荐、出行安排、电影推荐和生活推荐等	百度人工智能应用到很多领域，与百度 O2O 无缝连接
8	2015 年 12 月	Deep Speech 2 发布	识别准确率可达到 97%，Deep Speech 2 的特点是通过使用一个单一的学习算法就能准确识别英语和汉语，被《麻省理工科技评论》评选为"2016 十大突破技术"之一	识别准确率达到世界一流水平
9	2015 年 12 月	成立自动驾驶汽车事业部	驶入 G7 京新高速公路，测试最高速度达到 100 千米/时，同时宣布自动驾驶汽车事业部成立	自动驾驶测试成功
10	2016 年 7 月	宣布投资金融科技公司 Zest Finance	Zest Finance 是一家将机器学习和大数据分析结合，从而为客户提供精确信用评分的金融科技公司	延伸到金融领域，采取战略合作的方式

（续表）

序号	时间	事件	详情	战略意义
11	2016 年 8 月	投资激光雷达公司 Velodyne LiDAR	一方面是为服务自己的自动驾驶汽车；另外一方面想在激光雷达供应链环节获得一定的控制权	战略投资的方式，巩固自动驾驶领域新地位
12	2016 年 10 月	推出百度医疗大脑	正式将人工智能技术应用到医疗健康行业	AI + 医疗
13	2016 年 11 月	与中国联通合作	中国联通将在手机百度、百度糯米、百度地图、度秘等项目中与百度深入合作	人工智能落地到很多具体服务
14	2017 年 1 月 7 日	新核心人物陆奇加入百度	任百度总裁兼首席运营官、百度董事及董事会副主席，主要负责百度的产品、技术、销售及市场运营	百度核心管理层派系重新划分
15	2017 年 2 月 16 日	全资收购渡鸦科技有限责任公司，成立度秘事业部	渡鸦创始人吕骋携团队正式加盟百度，并出任百度智能家居硬件总经理；原度秘团队升级为度秘事业部，直接向陆奇汇报	加速人工智能布局，以及产品化和市场化
16	2017 年 3 月 1 日	成立智能驾驶事业群组	原 L3 与 L4 两部门整合成智能驾驶事业群组（IDG），陆奇亲任总经理	人工智能业务按方向整合

　　在李彦宏的战略中，百度的未来，核心就是人工智能。正像李彦宏所说，为了拓展人工智能，百度调整了战略架构。

二、布局 VR，积极面向元宇宙

　　2016 年 4 月，无人车、人工智能等创新业务作为独立的部门，直接由李

彦宏主管。李彦宏非常看好人工智能，自然不会让其只停留在实验室阶段，而是要推动人工智能与O2O等商业项目展开深入融合。从这个角度上讲，人工智能不仅体现在百度的基础功能研究上，还体现在将新技术与商业相互交叉前行，并开展一些高投入的未来项目上。具体如下。

（1）基础业务功能方面。众所周知，人工智能，尤其是在智能语义、图像识别等基础层面，需要一定的技术和应用支持。百度提供了语音搜索、图像识别、翻译等基础性功能解决方案，且在产品层面上进行了诸多迭代，比如推出手机百度、度秘、百度图片等产品。

在清华大学举办的2017国际大数据产业技术创新高峰论坛上，时任百度副总裁、百度AI技术平台体系总负责人兼百度研究院院长王海峰说道："百度从做搜索开始，人工智能的研究和发展已经有十几年了，如自然语言处理基础的分词、短语分析等。"

王海峰介绍，全面布局人工智能大概是在七八年前，逐步从NLP、语音、机器学习、图像等方面开始，时至今天，百度已经形成了一个较完整的人工智能技术布局，包括基础层、感知层、认知层、平台层、生态层和应用层，共计六层。见图13-3。

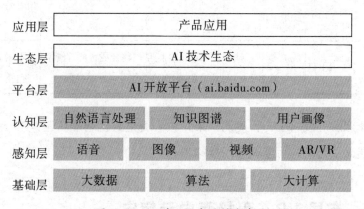

图13-3　百度人工智能技术布局

据王海峰介绍，语音技术的突破有很多方向，如识别、合成和唤醒，这是百度现在比较看重的，因为市场应用的需求很大。百度AI语音识别的准确率已经达到 97% 以上。

王海峰坦言，随着人工智能应用的深入，在家居、车载等场景，越来越多的人在语音识别时不是对着麦克风说，而是会与麦克风有一定距离，这就涉及远场的语音识别。这与现在手机上的麦克风不一样，首先要有定位，还有一系列新的技术待解决。要想把合成做得非常好，做得特别自然、流畅，而且个性化，包括把人的情绪变化等都带进去，就变得非常难。

由于场景的变化，王海峰介绍："这里不只是语音和声学信号处理问题，同时涉及对语言的理解、对人的理解，这样才能做出有情绪、个性化的合成。唤醒，是需要设备的时候就叫一声，它就知道你要跟它说话，比如家居场景的智能音箱或者智能电视，就需要唤醒技术。"

王海峰解释："唤醒技术的困难在于我们要控制误唤醒，比如在家里放一个智能音箱，如果不叫它的时候，忽然之间它自己就跳起来了，或者睡觉的时候，有点外界噪声，它就忽然跳起来，用户体验会很差。所以，控制住误唤醒很重要也很有挑战。"

在感知层，除了语音，还有图像、视频、AR/VR。在图像方面，人脸识别是计算机视觉的一个重要方向。据王海峰介绍，人脸分为静态和动态两种。静态，如一张图片，检测其中有没有人脸，或者有两张照片，比对一下两张照片中是不是同一个人，这方面的准确率已经很高。

王海峰坦言："识别动态图像的时候更复杂一点，比如有一段视频，首先要定位这些人脸，而这里会产生很多应用，比如在很长的视频流里找到一个人。"他进一步解释："我们可以对图像进行识别匹配，做语义的标注，粒度很细，如一幅图里很具体地找到其中一个部分是什么，这里可以做很多细粒度的图像识别。"

（2）商业实践方面，百度选择把当前重心放在 O2O 业务上。尽管百度外卖已经出售，但是在之前，百度把人工智能渗入百度外卖、百度糯米等应用之中。通过海量的订餐、出餐时间大数据，百度可以推算出适宜的出餐时间。具体做法是，百度利用人工智能技术帮助店家、骑手规划自己的时间和路线，

把外卖的效率做到最优。在O2O服务中，百度通过人工智能为用户计算出时间、地点、路线，让用户在最短的时间内选择最优的方案，同时提升各方面的运营效率。

（3）传统产业方面，人工智能在改造金融等传统行业的应用上走得比较靠前。人工智能技术已经成为传统产业转型的"换血"机器，充当全面转型升级的催化剂。在百度金融产品中，百度依靠自己的图像识别、数据风控等人工智能和大数据技术，甚至能够"秒批"，高效地让用户获得自己相应的信贷产品。除了金融外，在教育、医疗等行业，人工智能也在推动和影响行业发展。

（4）新兴技术产业方面，人工智能能够运用在无人车、地图等高新技术和未来城市上。百度人工智能分别在智能政务、智慧城市、智慧交通等公共事业领域投入资金研发，尤其是在无人车领域。

（5）百度布局VR，重点布局教育等B端场景。具体的做法如下：第一，百度VR面向B端，重点布局教育、营销等垂直领域。2016年百度先后推出WebVR、VR浏览器安卓1.0版本，敲开VR技术产业的大门。经过两年的试错与迭代，在2018世界VR产业大会上，百度发布了全新的B端口号——"开视界，创未来"，并表示百度VR作为百度人工智能战略中感知层的重要组成部分，承担着百度VR领域的战略开拓任务；百度VR的战略中心主要在于教育、实训、营销等几个大的垂直领域及生态闭环的打造。2019年百度VR进一步拓展落地场景，在2019年世界VR产业大会上，百度推出VR营销平台"蓬莱"，面向汽车、珠宝、家居等行业，围绕3D环物营销场景，帮助客户实现快速、低成本制作商品的VR内容。第二，百度VR兼顾软、硬生态，致力于提供综合解决方案。百度VR重点从三个方面完善生态布局：一是，依托百度大脑等底层技术积累，面向开发者提供VR Suite开发者套件，内含开发工具集SDK（软件开发工具包）、展示SDK、Cloud VR、深度算法等，从而降低开发者的VR内容制作门槛，提高内容制作质量；二是提供针对场景定制的VR一体机以及智拍系列硬件；三是开放生态合作，包括内容、硬件、技术、渠道等多个方面的合作。百度 VR 曾与《人民日报》合作打造了"复兴大道 100 号"线上 VR 场馆，并能够为看车、地产、电商等行业提供 VR 内容采集编辑的"一站式"服务方案。①

（6）发布"希壤"系列产品，积极面向元宇宙。2021 年 11 月，百度在苹果 App Store 与安卓应用商店上线了一款名为"希壤"的社交 App。该 App 主打沉浸式虚拟社交，用户在登录时完成取名、捏脸等人物塑造之后便进入虚拟空间，空间目前只开放了三层（冯唐艺术馆、百度世界大会会场、商品展示展厅），用户在空间内"行走"时可以与身旁的用户进行交流，也可以在右上角与小度语音互动。"希壤"已经登录百度 VR 的官网，拥有虚拟空间定制、全真人机互动、商业拓展平台三大功能。见图 13－4。②

虚拟空间定制
希壤世界由无线连接的虚拟空间组成，每个虚拟空间都是一座独一无二的数字都市，商家或合作伙伴能发挥想象，打造专属的品牌世界

全真人机互动
希壤虚拟世界中，每个用户都有一套3D角色形象，可以定制专属的角色形象，并通过虚拟形象，与客户或合作伙伴进行即时的语音、互动交流

商业拓展平台
支持多人同时在线，结合AI数字人，可在沉浸的定制空间中开展活动、展览、实况竞技、演讲、演出、商业洽谈、客户服务等

图 13－4　"希壤"的三大核心功能

---

① 北京大学汇丰商学院商业模式研究中心，安信证券元宇宙研究院. 元宇宙 2022——蓄积的力量［R］. 2022－01－01：6－200.

② 同上。

第 14 章　HTC：打造五大 VR 产品线，构建硬件、内容良性闭环

在 VR 企业中，HTC 是一家入局较早的行业内头部的 VR 硬件厂商。《元宇宙 2022——蓄积的力量》报告中提到，HTC "最早于 2015 年与 Valve 合作开发的 HTC VIVE 头显正式发布，其布局元宇宙的核心优势在于其丰富完善的 VR 产品矩阵已经占据一定的市场份额与用户心智，背靠 VR 硬件优势，公司持续加大内容与平台生态建设，形成硬件—内容的良性循环。按照我们划分的元宇宙研究框架的六大组件，目前 HTC 在硬件入口、内容与场景这两大方向上均着力布局"。① 见图 14-1。

图 14-1　HTC 元宇宙的硬件入口与内容场景

资料来源：HTC VIVE 官网、VIVEPORT 官网。

当然，HTC 布局五大 VR 产品线，旨在抢占多元的用户心智。据了解，HTC 目前旗下 VR 产品分为 Focus 系列、VIVE 系列、Cosmos 系列、Pro 系列、Flow 系列五大产品线，提供差异性的产品定位，分别覆盖娱乐、家庭办公、教

---

　①　北京大学汇丰商学院商业模式研究中心，安信证券元宇宙研究院. 元宇宙 2022——蓄积的力量 ［R］. 2022-01-01：6-200.

育培训、展览展示等场景，价格从 3 888～12 888 元不等。HTC 也提供相应的产品配件，目前主要打造的两款核心产品为 VIVE 面部追踪器与 VIVE Tracker。见表 14－1。

表 14－1 HTC 布局五大 VR 产品线

设备	类型	上市/发布日期	价格（元）	产品定位	适用人群
VIVE Flow	VR 一体眼镜	2021 年 10 月	3 888	为改善大众身心健康与提高效率而设计	家庭用户
VIVE	PC VR	2015 年 3 月	4 888	偏娱乐，主要面向游戏玩家的 VR 设备	游戏用户
VIVE Cosmos	PC VR	2020 年 2 月	5 899	高性价比与舒适佩戴的沉浸体验	注重视觉体验的用户
VIVE Focus	VR 一体机	2021 年 5 月	9 888	高端 VR 一体机，轻松应对企业及消费需求	商业用户
VIVE Pro	PC VR	2021 年 5 月	12 888	inside－out（由内向外）追踪及视首技术升级	专业级用户

资料来源：HTC 官网。

梳理发现，HTC 是 VR 硬件市场较早的入局方，拥有一定的用户基础。据了解，HTC 在 2016 年推出第一款 VR 硬件，曾是全球主要的 VR 硬件厂商，市场份额在早期曾占据行业前三的位置，拥有一定的用户基础与市场口碑。但是，由于 Oculus Quest 2 受到市场追捧以及 Pico 等产品的发布，导致 HTC 市场份额相较于前期有所下滑。

一、"未来 20 年不是手机的时代，而是 VR 的时代"

当 2016 年 VR 的暴风吹来时，一些企业家们对此信心满满，甚至不惜以

全部家当来豪赌 VR 的未来。尽管 VR 已经成为此次风口上的那头 "猪"，但是仍然有为数不少的创业者对 VR 技术持怀疑态度。当然，批评 VR 的声音来自创业者，甚至还有 VR 业内者。如一个自称模拟飞行头盔专家的美国 VR 业内者称，VR 普及在目前最大的阻碍就是无法解决眩晕问题，他为此不看好 VR 的商业前景。其后，他的观点被科技媒体广为传播。

当媒体质疑 VR 的商业前景时，来自中国台湾的企业——宏达国际电子股份有限公司（HTC）董事长王雪红却对 VR 的商业前景非常乐观。基于此判断，HTC 高歌猛进，加足马力，发力投资 VR 产业链，并为此建立了新的产品线，以及配套规模高达百亿美元的投资基金，由此吹响了进军 VR 的号角。2016 年 4 月，在 2016 全球移动互联网大会（GMIC）上，HTC VR 中国区总经理汪丛青表示，从个人电脑到功能手机，再到智能手机，每一个时代性产品的更迭速度都比上一代要快，且更具沉浸感。不过，近一年来，智能手机的销量已经开始下滑，下一个替代智能手机的产品将是 VR 产品。因此，汪丛青断言："未来 20 年不是手机的时代，而是 VR 的时代。"

在 HTC 的高层看来，VR 的春天已经到来，所有的困难都无法阻挡 HTC 涉足 VR 产业的决心和步伐。自从 2015 年 3 月发布 HTC VIVE 开发版，到 2016 年 2 月开售 HTC VIVE 消费版，HTC 只用了一年便赶上了 Oculus 三年的研发速度。

在外界看来，HTC 涉足 VR 产业，其背后的原因或许是已经连续四年营业收入的下滑和全球智能手机市场占有率的下降。相关数据显示，2012 年，HTC 的营业收入为 2 890 亿元新台币，然而到 2015 年，HTC 的营业收入为 1 217 亿元新台币；HTC 的市场占有率从 2011 年的 9.1%，下降到 2015 年的 1.3%。2015 年，HTC 的税后净亏损竟然达到 155 亿元新台币。这样的业绩促使 HTC 急速转型，或许是 HTC 豪赌 VR 未来的一个重要驱动力。

王雪红认为，智能手机的衰落已经成为行业常态。当 HTC 面临智能手机销量下滑时，昔日的劲敌苹果和三星也不好过，都面临同样的问题。不过，在红海拼出一条血路的同时，HTC 毅然挖掘出属于自己的蓝海市场，挺进 VR

领域。

HTC 涉足 VR 无疑受到手机业务销量不佳的影响，因为 HTC 2013—2015 年的业绩都不太令人满意。HTC 的财报显示，HTC 除了 2014 年有 6.7 亿元新台币的营业收益外，2013 年和 2015 年两年分别出现了 39.7 亿元新台币和 142 亿元新台币的营业亏损，以及 13.2 亿元新台币、155 亿元新台币的税后净亏损。

这样的业绩迫使 HTC 寻找转型的路。

二、投资重心向 VR 倾斜

当 HTC 面临智能手机业务亏损时，摆在 HTC 面前有两条路：一条是积极转型，一条是被动转型。在这样的情形下，HTC 开启转型之路。这意味着 HTC 这家手机巨头不得不壮士断腕，甚至有研究者建议称，当 HTC 手机业务出现巨额亏损时，HTC 必须放弃自主品牌的构建，而应重回代工时代，等待新的业务增长点。

这样的建议，王雪红是不会接受的，因为已经不可能回到代工时代。对于此刻的 HTC 来说，挖掘 VR 产业链的蓝海市场可谓是一个不错的转型关键点。2015 年 3 月，在世界移动通信大会（MWC）上，HTC 发布了 HTC VIVE 头显，同月，HTC 向外界宣布，HTC 将于 2015 年年底发售 HTC VIVE 消费者版。HTC 做出如此大的动作，旨在向投资者、消费者表明其涉足 VR 领域的决心和信心。

当 HTC 投资的重心向 VR 倾斜时，自然无暇顾及手机业务。2016 年 4 月，当 HTC 10 上市时，HTC 连一场发布会都没有开，这足以说明 HTC 已经越来越远离智能手机业务。其后，据媒体报道，王雪红现身北京 HTC VIVE 中国战略暨 VR 生态圈大会，此行的目的是力推 VR 相关的计划。

由于 HTC 对手机业务不重视，HTC 10 手机销量不佳，上市三个月后便开始降价。当然，HTC 之所以在 VR 业务中付出巨大努力，是因为这一业务可

为 HTC 的营业收入做出重大贡献，不断推动收入上升。在 HTC 看来，当前的 VR 业务处在多年期增长的初始阶段。在一些研究者看来，目前 VR 领域较为火爆，不过缺乏有代表性的硬件产品和有沉浸感的内容，同时 VR 存在的眩晕问题依旧没有得到普遍而有效的解决。但是这仍抵挡不住消费者对 VR 产品的热情。目前，上市的 VR 产品，包括数十元的谷歌纸盒、几百元的国产 VR 眼镜，以及 6 000 多元的 HTC VIVE，等等，这些 VR 硬件产品让消费者目不暇接。

国际数据公司（IDC）的研究数据显示，2016 年，VR 硬件出货量将达到 960 万台。到 2020 年，VR 硬件出货量将达到 6 480 万台。为此，在 2016 年的第一季度财务说明会上，时任 HTC 全球销售总经理的张嘉临公开宣称，HTC 将投入大量资源，确保其在 VR 领域的领先地位。

为了更好地保证 VR 业务的领先，更早时张嘉临就曾向外界传达一个关于 HTC VIVE 是 HTC 实现业务多元化的体现的消息，HTC 并不只局限于做智能手机品牌，更有意塑造成为一个生活科技类品牌。为此，张嘉临坦言："在智能手机研发支出方面，HTC 不会再增加，但是针对非智慧手机设备的研发费用，HTC 将继续上升。这就是 HTC 会就虚拟现实业务采取的措施，虚拟现实业务在 2016 年接下来的时间里会占营业开支的一大部分，同时我们预计也会占营业收入的一大部分。"

在 VR 领域，索尼、Oculus、华为等品牌被 HTC VIVE 视为最大竞争对手，这些企业在 2016 年也发布各自的消费版 VR 产品。与此同时，作为手机销量霸主的三星同样早早发布了自己的 VR 产品——Gear VR。在操作系统领域卓著的微软也在大力开发自己的 VR + AR 的混合设备——HoloLens。不仅如此，现金储备充裕的苹果在近两年连连收购 VR 公司，招募 VR 人才，积极地进行 VR 布局。当 VR 正如火如荼地发展时，中国其他的 VR 厂商也不甘落后，以性价比取胜，推出乐视 VR、蚁视 VR 等。

当然，要想领先对手，就必须解决 VR 产品普遍存在的眩晕问题。不过，HTC 对解决此问题显得相当自信。HTC 高层称，除了达到 90 帧每秒的刷新率外，HTC VIVE 的 Lighthouse 定位技术，可以使用户在 20 平方米的房间内做出各种动作时，将视觉变化和身体动作更好地结合，有效地解决了眩晕问题。而一部分 VR 领域的专业人士发表评论称，眩晕问题因人而异，不能一概而论，就像有的人晕车，而有人不晕车一样。

不可否认的是，要想在 VR 领域领先，不仅要发布硬件产品，同时也必须在内容上下功夫。为了解决内容问题，HTC 积极地借助资本的力量涉足 VR 内容领域。

2016 年 4 月，在 HTC VIVE 中国战略暨 VR 生态圈大会上，作为 HTC 当家人的王雪红对外宣布了 VIVE X 的加速器计划。王雪红声称，HTC 将投入超过 1 亿美元的资金，用以支持 VR 开发者和初创团队生产更多、更优质的 VR 内容。两个月后的 2016 年 6 月，HTC 又联合其他 27 家投资机构，成立了虚拟现实风投联盟（VRVCA），该联盟可以提供 100 亿美元的投资资金，旨在通过资本的力量来推动虚拟现实的技术、内容，以及整个产业的发展。这样的战略思维足以说明 HTC 对 VR 的重视，同时也在说明 HTC 对 VR 的战略方向。如 HTC 选择与 Valve① 的合作，就是一个典型的 "VR + 游戏" 的合作案例。

在 2015 年 HTC 财务说明会上，HTC 全球销售总经理张嘉临表示，HTC VIVE 的未来是一个成熟的生态系统，但 VR 早期用户主要是在游戏方面。对于 HTC 与 Valve 的战略合作，3Glasses CEO 王洁给予高度评价。在接受《经济观察报》记者刘创采访时，王洁坦言："从当下考虑，游戏是最好的 VR 切入口。"

在王洁看来，从开发端的角度来讲，将现有的游戏开发引擎，如 Unity，用在 VR 游戏开发上是比较符合逻辑的；而从消费端来说，游戏玩家通常对新

---

① Valve 是一个全球知名的游戏软件公司，曾开发过《半条命》《反恐精英》等风靡全球的电脑游戏。

颖的科技产品接受度较高，较有可能成为 VR 早期产品的消费者。①

公开数据显示，Valve 旗下的游戏平台 Steam 就拥有超过 1.25 亿名用户，其用户在美国最多，已超过 2 500 万人，其次是俄罗斯、德国和中国。这样的思路也反映 HTC 一贯的"先欧美，后亚洲"的开发策略。HTC 把 HTC VIVE 的发展重点放在美国，有其自身的战略考量。

---

① 刘创. HTC 智能手机乏力回天 下重注押宝 VR 游戏开发［N］. 经济观察报，2016 – 07 – 17.

第五部分
元宇宙赋能企业数字化转型

一千个人眼中，就有一千个元宇宙。元宇宙作为一个深入人心的概念，应该为实体经济服务，为传统行业的数字化转型服务。在元宇宙众多流派中，我是坚定的数字孪生派，即反对过于脱离现实、沉迷游戏的元宇宙，支持与产业数字化结合的元宇宙，实现产业互联网的元宇宙化，为各行业的数字化转型、经济高质量发展持续赋能。

——360 公司创始人　周鸿祎

第 15 章　助力智能制造全面升级

在经典喜剧电影《摩登时代》中出现的高耸的烟囱、机械化的流水线曾被誉为西方工业文明的象征。在如今的 5G 时代，传统的制造企业也顺势而动，在数字化的虚拟空间中完成元宇宙场景的转身。

在这样的变革中，生产流程无疑被改造，甚至被颠覆。对此，赛迪顾问智能制造产业研究中心认为，元宇宙从概念到应用的转换仍需要企业和科研机构不断尝试，推进基础技术和关键设备不断更新和迭代，挖掘更多的应用场景。特别是，元宇宙相关技术在工业领域的应用将赋能工业产品生命周期的各个场景，能够有效促进工业领域智能化升级，其应用价值将远大于在消费领域的应用价值。①

生产场景的变化，也意味着生产流程的改变。正如赛迪顾问智能制造产业研究中心（汽车产业研究中心）分析师徐迎雪、赛迪顾问业务总监兼智能装备产业研究中心总经理张凌燕撰文道："智能制造基于新一代信息技术与先进制造技术深度融合，贯穿于设计、生产、管理、服务等制造活动的各个环节，是致力推动制造业数字化、网络化、智能化转型升级的新型生产方式。工业元宇宙则更像是智能制造的未来形态，以推动虚拟空间和现实空间联动为主要手段，更强调在虚拟空间中映射、拓宽实体工业能够实现的操作，通过在虚拟空间的协同工作、模拟运行指导实体工业高效运转，赋能工业各环节、场景，使工业企业达到降低成本、提高生产效率的目的，促进企业内部和企业之间高效协同，助力工业高质量发展，实现智能制造的进一步升级。"

---

① 徐迎雪，张凌燕. 工业元宇宙：展望智能制造的未来形态［N］. 中国电子报，2022 – 03 – 24.

一、应用场景覆盖产品全生命周期

随着技术的进步，元宇宙不仅可以提升工业制造业的智能化生产水平，还可以通过构建与真实世界等比例的工业数字孪生体，收集产品研发、生产制造或商业推广等数据并进行分析，由此达到生产效率最大化。[①] 具体的做法是，将现实工业环境中的研发设计、生产制造、营销销售、售后服务等环节和场景在虚拟空间实现全面部署，通过打通虚拟空间和现实空间实现工业的改进和优化，形成全新的制造和服务体系，达到降低成本、提高生产效率、高效协同的效果，促进工业高质量发展。[②]

例如，2020 年 12 月，美国英伟达公司发布 Omniverse 开放式平台，旨在创建和连接虚拟世界，依靠其强大的 PhysX 物理仿真引擎和 RTX 光线追踪技术，为企业和创作者提供虚拟协助和物理级准确的实时环境渲染和模拟等服务。通过开源，允许使用者自由编辑、模拟设置、调整外部环境参数等，目前已实现对刚体动力、破坏和断裂、汽车动力以及流体动力等效果的模拟，通过对物理属性的把控和光线追踪的渲染，为用户提供了沉浸式可视化创作体验。在元宇宙的先驱企业中，宝马集团利用 Omniverse 平台为其全球 31 座工厂建立全比例数字化虚拟工厂，通过工业数字孪生体模拟其真实运转环境和效率，在协调生产资源分配以及定制化需求的基础上，利用 Omniverse 强大的物理仿真引擎和协同创作能力，进一步提升新车研发和规划能力，其负责人也曾表示，使用 Omniverse 有望将宝马的生产规划效率提高 30%。[③]

宝马的数字化转型，必然影响制造业的发展。未来的元宇宙，以及数字孪生等基础应用无疑将成为企业设计制造、规划、市场运营以及服务客户的

① 毕马威中国. 初探元宇宙 [R]. 2022－03：5－30.

② 徐迎雪，张凌燕. 工业元宇宙：展望智能制造的未来形态 [N]. 中国电子报，2022－03－24.

③ 毕马威中国. 初探元宇宙 [R]. 2022－03：5－30.

重要解决方案，同时元宇宙及其技术在未来制造业中的作用将会越来越大，助力制造业顺利地完成从制造到智造的转型。

对于传统企业的转型，赛迪顾问智能制造产业研究中心（汽车产业研究中心）分析师徐迎雪、赛迪顾问业务总监兼智能装备产业研究中心总经理张凌燕认为："现阶段工业元宇宙的大部分案例更趋近于'数字孪生'技术的应用。展望未来，工业元宇宙的应用场景将覆盖从研发到售后服务的产品全生命周期，由'虚'向'实'指导和推进工业流程优化和效率提升。"[①] 在工业元宇宙的应用场景中，包括研发设计、生产优化、设备运维、产品测试、技能培训等环节。见图 15 – 1。

图 15 – 1 工业元宇宙赋能的工业应用场景

资料来源：《工业元宇宙：展望智能制造的未来形态》。

从图 15 – 1 中可以看到，与传统的通过工业软件进行的产品设计相比，工业元宇宙相关技术应用下的研发设计拥有更大的优势，不仅可以更大程度地提高产品开发的效率，同时还可以降低产品的研发成本。具体表现在三个方面：第一，产品设计。通过工业元宇宙平台可控制产品应用时的环境因素，并基于在工业元宇宙平台中设计的产品模型对产品各零部件的作用方式做出

---

① 徐迎雪，张凌燕. 工业元宇宙：展望智能制造的未来形态［N］. 中国电子报，2022 – 03 – 24.

直观、精准的模拟，能够有效验证产品性能。第二，协同设计。工业元宇宙能够打破地域限制，支持多方协同设计，用户也可以在工业元宇宙平台上参与产品设计并体验其设计的产品。第三，用户体验。工业元宇宙平台上的产品研发经过用户的深层参与，更加贴近用户需求，并能在更大程度上增强用户体验。①

大量事实证明，由于用户需求的多样化和个性化，完全靠企业自身的产品设计与创新无法满足用户的需求。当产品还在开发的早期或者测试阶段时，用户如果认可企业产品的设计和创新，双方都将从产品中获得好处——用户得到自己想要的产品或服务，企业也将创造出满足顾客需求的产品或服务。

基于此，让顾客积极参与产品设计与创新就成为一个竞争优势。美国费城圣约瑟夫大学市场营销教授和主任迈克尔·所罗门指出："消费品生产企业更需要像高新技术企业那样采取领先用户方法（Lead User Method）。这种方法可以鼓励成熟用户积极参与产品的开发过程。对工业产品创新的诸多研究已经证实，如果用户期望新产品带来的好处越多，他就会投入越多的精力去获取解决方案。用户期望生产商能够倾听他们的声音。"在他看来，让顾客参与产品的设计过程，成为协同设计者，有助于确保企业生产出顾客需要的产品。

加州州立大学奇科分校马修·L.缪特和亚利桑那州立大学玛丽·乔·比特纳研究发现，根据不同行业的顾客表现，可以将顾客参与分为高度参与、中度参与和低度参与三个层次。见表15-1。

表15-1　顾客参与的三个层次

特征	低度参与	中度参与	高度参与
顾客责任	顾客只需要出现在消费场所	顾客需要投入一定资源获得期望的服务	服务是由顾客主导完成的

---

① 徐迎雪，张凌燕. 工业元宇宙：展望智能制造的未来形态［N］. 中国电子报，2022-03-24.

（续表）

特征	低度参与	中度参与	高度参与
服务标准化程度	标准化生产代工时代产品或服务	标准化生产的服务由于顾客的投入实现了部分定制化	顾客的积极参与能够决定服务的个性化程度
服务生产的完成方式	服务的生产面向大众而不考虑个体	服务的生产需要考虑顾客的需求	若没有顾客的参与，将无法完成服务的生产
顾客的投入形式	顾客对服务生产的唯一投入就是付费	服务提供方需要提供服务，但服务的具体生产需要通过顾客提供信息和努力实现	顾客投入具有一定的强制性，顾客与企业共同生产服务

从表 15 - 1 中可以看出：

（1）顾客高度参与行业的主要特征。顾客是构成整个生产环节的不可或缺的组成部分，顾客决定企业提供的服务方式、质量，以及所需时间等。在这样的背景下，定制相关服务就必然成为一种普遍的现象，甚至选择不了与产品或者服务提供方共同生产，否则将无法获得自己所追求的产品或者服务。在高度参与行业中，代表行业如管理咨询、营销策划等。

（2）在顾客中度参与的情况下，定制相关服务的需求较高度参与有所下降，由于顾客自身个性需求的存在，需要将信息、精力、思维等投入相关产品和服务中，使得标准化生产的服务在某种程度上转为定制化生产的服务。

（3）在顾客低度参与的情况下，所有的产品和服务都是标准化的，服务提供方决定其服务内容、服务方式、服务类型等等，顾客只能购买到服务提供方提供的服务和产品，如自助服务、在快餐店用餐。

如何才能将顾客转变成协同设计者？如何才能让顾客积极参与产品设计与创新呢？方法如下：

（1）观察学习法。在研发和创新的过程中，研发部门必须关注顾客需求，这也是企业研发出适销对路产品的关键所在。在一些车展上，当参观者在观

看汽车厂商推出的概念车型时，一些汽车厂商的信息收集人员也在密切地关注参观者的行为。如大众汽车公司经常利用车展获得顾客的需求信息反馈，据此对微型客车（Microbus）概念车的设计进行多方位的改进。参观者坦言，大众公司设计的微型客车概念车过于简陋。得到信息反馈后，大众公司为微型客车概念车增加了不同材质的更大、更软的座位。

在观察消费者时，许多企业通过观察顾客的行为来激发更多的产品设计和产品创新灵感。如乐柏美、吉列、百得和3M等。这些企业往往更热衷于观察顾客，而不是直接向他们提问来获取产品信息反馈。一般地，企业的信息收集人员时常在商店里观察顾客的购买行为，甚至是到顾客家中拜访以了解他们使用产品的方式，这样的好处是能够更多地了解顾客的消费者心理。

在研发李施德林清凉漱口水的过程中，华纳·兰伯特制药公司发现了观察顾客行为的积极作用。为了获得有效的信息反馈，华纳·兰伯特制药公司委托一家调研公司进行信息收集，该调研公司向37个家庭支付报酬，以便获准在其浴室安装摄像机。虽然李施德林的使用者及其竞争产品Scope的使用者都宣称，他们使用漱口水的目的是保持口气清新，但调研公司在实际调查后发现，真实情况并非那么简单。调查发现，Scope的使用者往往先将漱口水含入口中，不久便将它吐出；李施德林的使用者则会将漱口水含在口里很长一段时间。有一位使用者竟然曾含着李施德林漱口水上了车，过了一个街区才将李施德林漱口水吐入下水道。调研公司的这一发现，意味着使用者仍然偏向于将李施德林漱口水视为药物。

（2）产品定制法。互联网技术的普及，为顾客的独特需求提供了实现的条件。当为顾客生产定制产品的成本与生产标准化产品的成本相差无几时，生产定制产品就成为可能。在互联网时代的今天，越来越多的顾客热衷于亲手配置自己想要的产品，包括冰箱、电脑、手机、自行车等。

众所周知，企业提供满足顾客需求的产品，可大大地减少企业库存产品数量，还能提升和培养顾客的忠诚度。在业界，利维·斯特劳斯公司是推行定制产品生产这一概念的先驱。该公司针对特定的女性顾客销售Personal Pair

品牌牛仔裤。为了实现定制产品的生产，利维·斯特劳斯公司经过调查发现，女性顾客在决定购买牛仔裤前，通常都要试穿超过 20 条牛仔裤。其他服装公司也同样进行了各种尝试。由于大量服装通过互联网销售，所以不得不注重产品的定制化。

著名服装公司 Lands'End 就曾推出一种名为"Lands'End Custom"的服务，即顾客以 54 美元的价格就可以购买到为其定制的斜纹棉布裤。当顾客在购买服装时，顾客必须准确在线输入自己期望的服装规格，如男性顾客必须输入上衣的尺寸、身高以及体重等信息，而女性顾客则必须输入自己的身高、体重以及胸围等信息。另外，Lands'End 公司还会询问顾客的体型，如臀部和大腿的比例等。有了这些数据，软件系统按照顾客提供的信息，计算出顾客的体重分布和裤子规格，之后将这些尺寸规格的数据通过互联网传递给位于墨西哥配备了电脑控制机器的生产工厂，该工厂根据订单裁剪面料。两到三个星期后，顾客就可以收到定制的裤子了。

像 Lands'End 公司这样给顾客提供个性化的产品并非个案，为客户提供定制化产品的公司还有很多，定制化产品市场也非常庞大。

在互联网时代，传统的大规模生产将被个性化的定制所颠覆，越来越多的传统企业以"互联网 +"为基础进行小规模定制。在《小众行为学：为什么主流的不再受市场喜爱》一书中，美国社会趋势观察家詹姆斯·哈金明确指出，在未来，社群经济将取代"将所有商品卖给所有人"的策略。在詹姆斯·哈金看来，中间市场曾是传统企业最为广阔的市场。某些用户并不是传统企业最核心的用户，但是他们能够选择的产品不多，而传统企业的产品又能勉强满足这部分消费者的需求，过去这部分消费者会成为传统企业的客户。

但这样的状况已经改变，同样的需求被另一些竞争者更精准地满足。当传统企业的中间市场逐渐萎缩时，只有实现传统企业的产品生产与消费者之间的高精度匹配，才能拓展其产品销售渠道。在中欧国际工商学院运营及供应链管理学教授赵先德看来，"互联网的影响正逐渐深入到采购、制造、产品设计及这些环节的整合中，最后形成基于供应链流程的整合创新"。

在传统企业中，生产缝纫机设备的杰克控股就是这样一个高精度匹配的案例。杰克控股总裁阮积祥介绍说："我们是缝纫机行业，最终用户就是普通消费者，而需求正发生很大变化，个性化需求明显。现在有些服装，一个型号一个款卖完就没有了，都是小批量的。你要订什么颜色、款式，未来都可以通过虚拟网络来实现。希望哪个工厂做，整个设计过程以及怎么做你都能知道。"阮积祥的经验似乎证明了詹姆斯·哈金的观点。公开资料显示，杰克控股位于浙江省台州市，在台州市，密集分布着大量缝纫机制造企业。2008年金融危机导致台州大批缝纫机制造企业遭遇生产经营困难，而杰克控股率先启动转型，把业务聚焦在缝纫机产品上。2012年，杰克控股再次转型，把产品设计和生产聚焦在小规模客户身上，即那些有个性化需求、需要进行小批量生产的企业客户身上。

杰克控股这样的做法，遭受了企业内部和外部经销商的诸多质疑。阮积祥解释说："从2008年开始，中国传统企业逐渐感觉到危机，很多都倒闭，不转型就死掉。浙江企业这两年死得更多，特别是去年（2009年）更多一些。为什么？就是因为他不去变革，还是走大批量生产，靠（降低）成本、人工制造为主的道路。"杰克控股转型后，其订单的总价值变得非常小。有些客户只订购50~100台缝纫机的订单，甚至还有更少的。这对于大批量生产的杰克控股来说，在短时间内显然是一个较大的挑战。

面对这样的难题，阮积祥却坚持转型，因其早就发现大型缝纫机设备的销售占比正在下降，而小型设备的占比在逐步上升。不仅如此，阮积祥也在为此次转型做准备。2009年7月1日，杰克控股旗下子公司新杰克耗资4 500万元人民币，通过非股权、非承债式的方式收购德国奔马和拓卡，收购的原因是奔马和拓卡在世界高端自动裁床产品市场具有巨大的影响力。

收购奔马和拓卡后，阮积祥在台州下辖临海县（今临海市）建立了一个工厂，其生产线专门生产特殊产品，目的是"为订单而生产，不是为库存而生产"，即实现更智能化的"后拉式"生产。所谓后拉，与前推相对应，前推指不管下一个环节真正需要多少，只要前面做多少就往后面压多少。按照以前的方式，库存量会大量增加。而现在要以客户订单为基础，营销部门给制造部门下订单，从后道工序拉前道工序，例如涂装给精加工下订单，精加工给铸造下订单，理论上说，如果这种需求每一层传递的都是精准的，可以实现零库存生产。①

如今的杰克控股，其定制能力越来越强，每台设备的功能非常简单，甚至单一。在应对未来的个性化需求，其每一台设备功都是单一并且唯一的，这就意味着，每一种客户都能找到一台对应这种需求的设备。

当杰克控股的个性化生产取得较好的业绩时，有专家认为，并不是所有传统企业最终都要走上个性化定制之道路，完全排斥规模化生产也是不现实的。在用友网络副总裁王健看来，真正趋势应该是"规模化定制"，定制产品与大规模批量生产仍然共存。

在个性化生产的路径中，也有专家指出，个性化产品必须建立在"软硬结合"的基础之上。如用户在使用苹果手机时，下载的 App 都是不一样的，因为每一台手机也都是个性化的产品，承载了不同用户独一无二的使用偏好。

工业 4.0 问题专家李杰形象地把产品的价值比喻为蛋黄，由此衍生出的服务是更大的蛋白。这就意味着人们能够看见的东西，其价值往往是有限的，而看不见的服务，其价值却是无限的。

这样的转变促使传统企业经营者在个性化时代不仅是制造产品，而更应该转向销售服务，甚至连机床这样的工业母机都必须调整经营策略。2013 年，沈阳机床成立了优尼斯工业服务有限公司，在优尼斯副总经理马少妍看来，当初成立优尼斯的着力点就是从卖产品转向卖服务，不仅销售机床，而且提供从设计到建设整条生产线的解决方案。优尼斯正尝试用以租代卖的形式销售机床，用户先付 10% ～ 20% 的保证金，之后以每小时 25 ～ 30 元的费用购买这台机床使用费，不开机不付费。②

---

① 房煜，黄燕. 后台：互联网＋时代制造业的化学反应 [J]. 中国企业家，2015（10）：32 – 39.
② 同上。

马少妍还介绍，该平台系统的 App 实时显示每台在线机床的工作状态。当然，不仅是机床，许多 App 都可以做到在线监控工厂的实时工作，当流程出现任何问题时都会发送预警，根据预警在线寻找其解决方案。马少妍坦言："未来工厂可能就是一个普通人操作，他有台机床放在后院，通过网络就可以接单生产。"

传统企业如何才能实现大规模定制呢？方法如下：

一是产品组件模块化。即将产品组件分解成若干个不同的模块，当承接订单时，订单达到临界点时，企业就可以较低的成本对各个模块进行大规模生产，之后按照不同的配置，将所需的模块组装成不同的产品。

二是合作型定制。这样的生产方法需要与顾客进行有效沟通，以便清楚地了解顾客的具体需求，并为顾客定制所需要的产品。特别是当顾客面对更多的选择而不知所措时，合作型定制方法高效而便捷。

三是适应型定制。当顾客要求其购买的产品在不同场合有不同的表现时，就可以选择适应型定制方法。其实，适应型定制产品不过是提供一种用户可以自行更改的标准化产品。例如，路创电子公司生产的照明系统，可以使用户室内不同的灯具相连接。而用户可以按照自己的需求，如满足聚会、浪漫时刻、看书等来调整照明系统的效果。

（3）获取在线反馈法。要想让顾客参与产品的生产和创新，就必须清楚顾客的想法。不可否认的是，传统企业经营者将顾客引入产品开发流程，不仅耗费大量的时间，也需要花费巨额的费用。不过，在互联网时代，传统企业经营者可以借助互联网，以非常低廉的成本即时获得顾客的反馈信息，其中就包括菲亚特汽车。

为了获知顾客的需求，菲亚特汽车借助公司网站，让用户对下一代 Punto 车型的需求进行在线调查。在此次调查中，顾客可以对这款车型的风格、舒适度、性能、价格、安全特性等指标进行优先级排序。当然，顾客也可以提出自己认为这款车型最不满意的内容，并给出相关的改进建议。然后，顾客可以选择自己喜欢的车身风格、车轮样式，以及车头、车尾样式，同时还可以在电脑屏幕上看到自己"设计"的产品。

当顾客设计完他们需要的车型后，菲亚特汽车的公司软件系统自动提取客户的最终反馈结果，同时记录顾客的选择顺序。通过这种在线反馈的方式，在短短 3 个月内，菲亚特公司就获得了超过 3 000 份顾客真实反馈。反馈的内容包括在车内配备雨伞架，设计一款前排只有一张长椅的车型，等等。而菲亚特汽车公司仅为这项调查花费了 35 000 美元。

从菲亚特汽车公司的案例来看，借助网络获取用户反馈具有诸多显著的优势。顾客可以舒舒服服地待在家中提供反馈，因而响应时间短；企业可以方便地对调研工具进行修改，或为用户提供它的多个试验版本，从而 24 小时不停地收集顾客的反馈；调研人员可以接触大量、分散的目标客户；由于顾客是以匿名的方式进行反馈，反馈的信息也更为真实；由于系统可以自动完成数据收集工作，且避免了编译错误，获取反馈的成本相较于传统的调研方法大大降低。

二、推动以元宇宙为基础的数字化转型

当前，消费者需求的改变让众多传统企业不得不进行数字化、信息化技术改造，尝试通过以元宇宙为基础的数字化转型来突破存量市场"内卷化"困境。

集邦咨询的数据显示，智能制造有望借助元宇宙热潮，推动相关技术加速开发，全球市场规模有望于 2025 年一举突破 5 400 亿美元，2021 年至 2025 年的复合年均增长率将达 15.35%。事实上，2015 年以来，以移动互联网、物联网、云计算、大数据等为代表的新一代信息通信技术（ICT）正在全球范围内掀起新一轮科技革命和产业变革。

据媒体报道，作为传统企业的 361°联合百度研发了一款可以防儿童走失的智能童鞋。361°智能童鞋是第一款百度鹰眼技术接入的可穿戴设备，提供精准的定位检测服务。室内 Wi-Fi 定位技术的精度达 30 米。其原理是将 GPS

芯片内置在鞋舌的卡槽中，以 GPS + LBS 的定位技术结合手机 App，通过 App 实时掌握定位信息。

361°智能童鞋产品公开发布时，多家媒体都在关心这个项目。361°智能童鞋主打的功能，就是在儿童的鞋子中嵌入智能芯片和定位系统，当鞋子的定位系统与手机相连后，家长就可以实时地了解孩子所在的位置。

在工业元宇宙中，361°智能童鞋的确是一个很好的范例，作为传统服装企业，361°积极地与互联网巨头百度跨界融合，合作成立"大数据创新实验室"，通过大数据洞察消费者的个性化需求，并落实到产品层面，推出 361°智能童鞋，进行了一次革新性的跨界创新尝试，这就意味着 361°是敢于颠覆传统模式而"吃螃蟹"的企业。

361°品牌负责人在谈及为何要做智能童鞋时，说了这样一句话："在这个连接一切的时代，传统企业最欠缺的就是连接用户的能力，缺乏与用户持续有效的沟通方式。"在 361°品牌负责人看来，361°制造智能童鞋，是旨在打造一款有温度的产品。究其原因，一双联网的鞋子，不仅仅只是"鞋子 + 物联网技术 + 定位技术"如此简单。

在产品设计方面，361°智能童鞋实现跨界合作，361°负责"智能防丢童鞋"的外观设计与生产，百度负责提供精准的鹰眼定位技术，联发科技则提供了为穿戴式和物联网设备设计的内置芯片。在营销推广上，361°提供了品牌与渠道，百度则以大数据平台的分析结果提供决策支持。

在这里需要提醒的是，传统企业必须搞清楚自己的战略方向。为数众多的传统企业向电商转型，甚至与互联网巨头合作研发智能产品，时常会陷入一种短期投机思维的陷阱中，即优先考虑产品能赚多少钱，或者互联网平台能给多少曝光位，能导入多少流量。传统企业经营者这样做情有可原，但却忽略了将产品作为黏住细分用户社群的入口，在不断互动中寻找更多的增值空间的可能性。

反观 361°，从智能童鞋的核心功能来分析，主要通过定位技术来满足防止孩子走丢的刚性需求。361°品牌中心总经理赵峰在看电影《亲爱的》之前没有意识到，中国每年有超过 20 万名失散儿童。赵峰看了电影后立即想到，361°可以制作一款智能童鞋，让家长用手机就可以实时了解自己孩子的精确位置。这样的创意产品自然是一个典型性场景化的成功范例，购买该产品的用户非常清楚在何种条件下使用，并且对智能童鞋的使用需求也十分强烈，用户极其强烈的购买意愿也就在情理之中了。

事实证明，智能童鞋取得了不错的效果，产品一问世就吸引了众多家长与幼儿园的关注，甚至保险公司还通过商超和电商网站大批购买，旨在把智能童鞋作为家庭保险业务的增值部分赠送给相关客户。

智能童鞋的设计和深度融合，经历了一系列的问题。但是只要满足用户的需要，真正地踩到需求点（场景化）上，用户自然会购买产品，最大的客户可能还会来自"意料之外"。

361°前几年产能过剩、业绩下降最根本的原因是没有提供用户满意的产品，使得产品同质化严重。[①] 究其原因，在传统模式下，企业的产品一旦售出，就不太会跟用户继续交互，缺乏高频次的接触点和足够的增值服务。然而，新型的儿童防丢鞋除了可以定位孩子的位置，还可以获取孩子的体重、孩子走路姿势的矫正、孩子健康的数据，通过一个有效的数字平台整合处理后，推荐给家长。这就相当于帮家长建立了一个关于孩子成长和健康的数字档案，建立了一个高频的接触点，而且可以提供更具有商业想象空间的增值点，其价值已经远超仅售卖硬件产品的模式。[②]

---

① 刘醒，向琳. 有温度的互联网才能＋互联网＋八大模型［EB/OL］. 2015 – 05 – 08. https://news. bjx. com. cn/html/20150508/616493. shtml.

② 刘琪. 从 361°做儿童智能防丢鞋，看跨界的正确姿势［EB/OL］. 2015 – 01 – 30. http://www. qykc. cn/archives/601.

第 16 章　利用互联网新技术改造传统产业

　　企业转型发展的核心概念已经存在了数百年，几乎和企业这种组织的历史一样古老。在市场竞争中存活下来的企业，在每个时代都有自己的转型发展之道。在元宇宙的影响下，数字新技术如雨后春笋般不断涌现，带动全球数字经济迅猛发展，世界各国数字经济在 GDP 中的占比不断提高，呈现不可逆转的大趋势。在这一趋势的带动下，数字化转型已经成为全球企业没有选项的必答题。

　　习近平总书记在十九届中共中央政治局第三十四次集体学习时指出，要推动数字经济和实体经济融合发展，把握数字化、网络化、智能化方向，推动制造业、服务业、农业等产业数字化，利用互联网新技术对传统产业进行全方位、全链条的改造，提高全要素生产率，发挥数字技术对经济发展的放大、叠加、倍增作用。要推动互联网、大数据、人工智能同产业深度融合，加快培育一批"专精特新"企业和制造业单项冠军企业。

　　由此可见，加快数字化转型成为中国企业形成竞争优势的重要着力点和有效途径，也是中国传统企业提升智能制造的重大机会。

一、营销互联网化

　　2022 年 3 月，一汽旗下自主品牌奔腾打破了传统新车上市的固定模式，在百度希壤元宇宙平台发布首款战略新车——奔腾 B70S，吸引数以万计的用户观看，当日直播观看的数量竟然高达 347 万人次，品牌及新车百度指数增长近 11 万。

此次发布会的火爆，足以说明元宇宙这条赛道极大的想象空间和发展潜力，也让品牌看到了元宇宙关于营销的更多可能性。《环球时报》给予了极高的评价："不同于各汽车品牌既往的线上发布会，一汽奔腾颠覆传统形式，与科技巨头百度强强联合，以希壤 App 为承载，开创性地在希壤元宇宙世界打造第一场汽车产品发布会，成为首批入驻希壤元宇宙虚拟场景的汽车品牌，以栩栩如生的沉浸式互动体验，打造出一场身临其境的视听盛宴。"

事实证明，在元宇宙营销场景中，品牌企业已经改变了曾经讲述故事、引导用户产生认可的单向输出形式模式，而是把选择权交给用户，让用户从观看者变为直接参与者，通过自行驱动内容获得自身的体验。一汽奔腾创新尝试持续地建立和加深品牌年轻化标签，深化年轻圈层认知，链接"新升代"族群。作为首个在希壤元宇宙平台打造新车发布会的汽车品牌，一汽奔腾正式解锁了新车发布的全新营销场景。①

这样的转变源于用户群体的变化。第 49 次《中国互联网络发展状况统计报告》数据显示，截至 2021 年 12 月，中国互联网用户规模为 10.32 亿人，较 2020 年 12 月新增互联网用户 4 296 万人，互联网普及率达 73.0%，较 2020 年 12 月提升 2.6 个百分点。截至 2021 年 12 月，中国手机互联网用户规模为 10.29 亿人，较 2020 年 12 月新增手机互联网用户 4 298 万人，互联网用户中使用手机上网的比例为 99.7%。该报告数据显示，在商务交易类应用发展上，其市场规模就不容小觑。

（1）网络支付。截至 2021 年 12 月，中国网络支付用户规模达 9.04 亿人，较 2020 年 12 月增长 4 929 万人，占互联网用户总数的 87.6%。

（2）网络购物。第 49 次《中国互联网络发展状况统计报告》数据显示，截至 2021 年 12 月，中国网络购物用户规模达 8.42 亿人，较 2020 年 12 月增长 5 968 万人，占互联网用户总数的 81.6%。这组数据足以说明，中国网络

---

① 科技大世界. 一汽奔腾联手百度营销，首创元宇宙新车发布会圈粉年轻人 [EB/OL]. 2022 – 03 – 23. http://prnews.techweb.com.cn/qiyenews/archives/284934.html .

购物市场仍然保持快速、稳健增长。

作为数字经济新业态的典型代表，网络零售继续保持较快增长，成为推动消费扩容的重要力量。2021年，网上零售额达13.1万亿元，同比增长14.1%，其中实物商品网上零售额占社会消费品零售总额比重达24.5%。网络零售作为打通生产和消费、线上和线下、城市和乡村、国内和国际的关键环节，在构建新发展格局中不断发挥积极作用。

（3）网上外卖。第49次《中国互联网络发展状况统计报告》数据显示，截至2021年12月，中国网上外卖用户规模达5.44亿人，较2020年12月增长1.25亿人，占网民总数的52.7%。

（4）旅行预订。第49次《中国互联网络发展状况统计报告》数据显示，截至2021年12月，中国在线旅行预订用户规模达3.97亿人，较2020年12月增加5 466万人，占网民总数的38.5%。

这组数据足以说明，当下的互联网已经孕育出庞大的商业市场。由此可见，"虚拟世界联结而成的元宇宙"已经成了数字经济创新和产业链的新疆域，为人类社会实现最终数字化转型提供了新的路径，并与"后人类社会"发生全方位的交集，展现了一个可以与大航海时代、工业革命时代、宇航时代具有同样历史意义的新时代。①

究其原因，元宇宙打破现实世界时空规则的特性，兼具虚拟环境的建构与感官的极致体验。回顾元宇宙营销的脉络，作为传统企业巨头的欧莱雅，在几年前就开始尝试。

2013年8月15日，欧莱雅奢侈品部门特此推出一个全新的化妆品线EM by Michelle Phan（米歇尔·潘）。在消费者的意识中，欧莱雅奢侈品部门向来以"高大上"著称。他们选择形象代言人时，往往选择时尚名人，例如乔治·阿玛尼、拉尔夫·劳伦等等。

---

① 量化爱好者. 你想不到的元宇宙发展史［EB/OL］. 2021 - 10 - 14. https://new. qq. com/omn/20211014/20211014A04RGF00. html.

既然欧莱雅为米歇尔·潘推出一个全新的化妆品线，足可见米歇尔·潘的市场分量。你可能会问，米歇尔·潘如何能够如此赢得高大上的国际品牌的垂青呢？

公开资料显示，米歇尔·潘是越南裔美国人，1987 年 4 月 11 日出生于马萨诸塞州。职业是一名化妆师，又是 IQQU 化妆品牌的设计者，现任兰蔻美国官网彩妆产品代言人。在米歇尔·潘的事业中，最为抢眼的是在视频网站YouTube 上发布彩妆视频，米歇尔·潘拥有近 700 万的全球观众，其视频点击量近 10 亿次。在米歇尔·潘的推广和营销中，不管是广告代言，还是创业，都完全建立在 YouTube 视频基础之上。这可能就是米歇尔·潘没有停止过在视频网站 YouTube 上每周更新彩妆视频的关键因素。

众所周知，欧莱雅奢侈品部门拥有兰蔻、植村秀、碧欧泉等国际知名品牌，曾经还把国际影星朱莉娅·罗伯茨、安妮·海瑟薇等选为广告代言人。此次欧莱雅看中米歇尔·潘的影响力，才选择其作为广告代言人。这就是欧莱雅放弃高贵企业形象而去与网络红人米歇尔·潘深度合作的关键原因。

反观欧莱雅的品牌推广可以发现，早在 2010 年，欧莱雅奢侈品部门就开始与米歇尔·潘合作，米歇尔·潘签约成为兰蔻品牌的代言化妆师，不仅如此，米歇尔·潘还每月推出并推荐兰蔻产品的化妆视频。米歇尔·潘的视频传播显然是奏效的，不仅提升了兰蔻的品牌知名度，还提升了品牌的口碑。为了更好地贴近互联网，欧莱雅不得不顺应市场趋势，因为互联网时代下市场已经发生了巨大的变化，其变化主要有三个方面。

（1）主流审美已经由受众选择取代被行业权威决定。在互联网时代，传播渠道不再是一种稀缺的资源。像微博、播客这样的传播介质已经普及，发布门槛也很低，只要通过互联网，注册和登录就可以发布视频和文字等信息。以此可见，依靠传统渠道的信息发布已经式微。

当互联网把自媒体的渠道打通之后，内容制造商不再把行业权威作为控制渠道的重点，在这场争夺战中主要是吸引内容受众。作为传统企业品牌的欧莱雅不得放弃只通过买足传统广告时段来影响消费受众的做法。

在这样的背景下，米歇尔·潘的化妆视频得到受众的青睐，接近10亿次的点击量足以证明行业权威已经不能完全影响消费受众的选择。从欧莱雅选择与米歇尔·潘合作可以看出，"主流审美开始由大多数人主动决定，而不再是被动接受，让行业权威牵着走，不但如此，大众品味还反过来影响行业权威对于自身的定位。而品牌再把自己束之高阁，无疑是和自己的顾客越走越远。"①

（2）互联网背景下的草根文化影响品牌的推广和销售。当我们了解米歇尔·潘之后发现，米歇尔·潘和同时代互联网背景下的红人一样，特征较为明显：第一，拥有一技之长；第二，平民背景；第三，不断地在 YouTube 等社交网络平台发布自制内容；第四，与粉丝互动。

由此可见，在互联网基础上发展起来的自媒体已经日趋壮大，国际品牌欧莱雅也不得不放弃以往请有大众影响力的明星代言以及在主流媒体上投放广告的营销推广思路。自媒体的崛起使得内容传播渠道更为宽广，尽管网络群体分散了，但是每个群体的共性却在加强。这也正是欧莱雅看中米歇尔·潘的地方。因为米歇尔·潘不仅拥有数量庞大的点击率，还可以从消费取向分析中拓展精准的定向营销渠道。

（3）传统企业的市场营销越来越互联网化，国际品牌欧莱雅也不例外。欧莱雅在给米歇尔·潘产品线的定制中，不仅标注米歇尔·潘的名字，还在新产品线中继续沿用米歇尔·潘的视频营销、社交网络、会员制等营销手段，目的是期望米歇尔·潘能够脱颖而出。欧莱雅营销互联网化的结果是让产品和形象代言直接转化为网络销售。究其原因，互联网下的受众消费场所已经被网络化和移动化。

作为世界上最大的美妆公司，欧莱雅已经开始慢慢尝试进一步适应网络时代的品牌策略，选择米歇尔·潘就是其中一步。但是有一点是不变的——

---

① 陈一佳. 欧莱雅互联网营销去明星化 ［EB/OL］. 2014－07－25. http://finance. sina. com. cn/zl/international/20140725/133319820024. shtml.

欧莱雅依然是通过选择对的、符合时代的人去树立自己的品牌。而在大众做主的网络时代，这个面孔必然走向平民化。①

二、渠道互联网化

元宇宙对未来有什么影响？中国移动通信联合会首席数字官杜正平直言："伴随着元宇宙的发展与成熟，将形成未来数字社会建设的第一个人类命运共同体级别的数字世界愿景。"在他看来，元宇宙不仅仅改变人类的生活，甚至会构建数字世界愿景，推动更多的传统企业进行数字化转型。究其原因，互联网化的运营和管理模式无疑会冲击传统企业原有的商业模式、渠道、营销、产品内容和业务服务等。传统企业原有的渠道商业模式已经不能完全适应新时代的发展需求。

在互联网时代，传统企业的企业家们都在挖掘互联网蓝海市场中属于自己的"长尾巴"，即使是联想创始人柳传志也不例外，其对联想旗下的农产品猕猴桃——定位高端的"柳桃"，在互联网上做一次尝试，即全部通过互联网渠道进行推广和销售。

一些媒体观察家撰文指出，"佳沃"作为联想旗下的农业板块，此次触网不是转化率和购买力的问题，主要还是主动地拥抱互联网，对互联网营销进行深层次的探索。究其原因，3公斤"柳桃"的定价为198元，而3.3公斤"潘苹果"的定价为88元。同类的黄心猕猴桃市场价格仅为40元/公斤左右，苹果的市场价格也仅约10元/公斤。尽管水果价格昂贵，但是"柳桃""潘苹果"上市之后，仍在国内市场刮起了不小的旋风。有名人为品牌背书的水果，售价往往要高出同类商品很多，但这不影响消费者的购买热情，这些农产品依旧销售火爆。

---

① 陈一佳. 欧莱雅互联网营销去明星化［EB/OL］. 2014 - 07 - 25. http://finance.sina.com.cn/zl/international/20140725/133319820024.shtml.

在这样的背景下，柳传志竟在罗辑思维平台上征集"柳桃"的营销方案，特地为"怎么卖好一颗柳桃"发布英雄榜，这其实是在给新一季的佳沃猕猴桃上市做足预热。

当"柳桃"的营销方案征集活动发布之后，立即得到众人回应，不到一周就收到了 3 000 个方案。佳沃董事长陈绍鹏介绍说："我不是网络达人也许真'OUT'（落伍）了。网友和'牛人'的效应大大超出预期，不到一周已经收到了 3 000 个方案。"

对于陈绍鹏来说，在 IT 行业打拼了 20 年，几年前转去为联想控股开辟农业板块，将互联网思维融入其中。在此次品牌营销事件的尝试中，给陈绍鹏冲击最大还是互联网给予的高效链接。

当知名度提升之后，接下来就是设计新颖的包装。据陈绍鹏的介绍，为了更好地迎合互联网化时代的变化，"柳桃"特别设计包装。在陈绍鹏看来，互联网时代的农产品已经不再局限于传统的论斤称，而是必须以现代小型化包装来满足消费者的需求。2014 年，"柳桃"将此前的大盒版本全部改为小盒装。主打每盒 6 个，少数体验版是每盒 4 个。陈绍鹏说："现在是可以挑选这盒、那盒，而不是捏这个、捏那个。"

在互联网时代，改变的不仅仅是农产品的包装，更重要的是思维。究其原因，互联网的核心思维是对用户好。陈绍鹏说："快递打开后，咣咣咣三盒直接放冰箱，不像原来从盒子里取出来放到保鲜袋里再放进冰箱，过去都不是现代化的包装思维。"正是这样的思维，促使包装设计的更新，这不仅可以赢得消费者的认可，同时矩形的盒子设计也让当下的互联网物流配送更为高效，环保和包材方面也更讲究。

当万事俱备时，拓展互联网渠道就刻不容缓。佳沃通过各平台搭建旗舰店进行全网分销，并没有采用传统的自建电商渠道方式。2014 年"双十一"，"柳桃"联合天猫启动全球首发预售，从 2014 年 11 月 15 日开始，"柳桃"接受消费者的订单，猕猴桃采果上市后送达。

相比工业制品，生鲜农产品拥有更短的周期和个体的独特性，要配合海量、限时的订单销售，需要各方面资源的精妙配合。陈绍鹏说："这是阿里巴巴上市后，天猫的第一个'双十一'，也是首次将生鲜纳入其中，希望通过好公司、好产品引领生鲜的购物狂欢。"在天猫平台上，"柳桃"产品分为两盒12个，三盒18个，后者定价149元。相关资料显示，佳沃集团的猕猴桃分为佳沃和悠然两个品牌，2013年其整体产量有3 000多吨，销售额近1亿元。2014年整体产量翻倍，达到了6 000吨的总规模。"柳桃"是佳沃品牌的所有产品中挑选最优卖相单独打造的高端品牌。

销售"柳桃"其实是为了利用这个品牌带动佳沃的影响力。在此次"柳桃"的推广和销售中，柳传志交给陈绍鹏的核心任务是将佳沃打造成有产品承载、体现情怀的品牌，"拥有品牌，把品牌打响，让消费者信任它，然后赚取一定的品牌溢价。"①

三、产品互联网化

元宇宙作为一种数字经济形态，其稳健发展将助力数字经济加速进化。2022年，元宇宙在不同方向出现一些全新的落地方式，在元宇宙所涵盖的系统工程中会有更多的行业参与者，产生更多的细分行业。

B站CEO陈睿在2021年财报电话会议上谈及元宇宙说："如果现在听到元宇宙的概念，再进军或者布局元宇宙的这些公司，他们应该是来不及了。我认为这些元素当中，无论是社交体系，还是生态系统，都不是几个月或者一两年就能够布局好的。我认为在元宇宙这个概念中有个非常重要的东西，就是它需要有一个自循环的内容生态，元宇宙这个概念不是任何一家公司能独立做完的。所以，在这个产品体系中，必须有一群人在里面深入创造内容，并且能够通过它在这个体系中创造的内容获利。元宇宙其实还是一个远期的

---

① 宇大人. 我为什么离开联想改做农夫［EB/OL］. 2014－09－25. https：//wenku. baidu. com/view/c44654bc84254b35eefd34b0. html.

目标，元宇宙有关的所有讨论都是在资本和媒体层面，我几乎没有听到真正做产品的人在讨论这个，只有产品和技术有突破才能够去实现这个概念，不在最近的两三年。元宇宙带给我们的是广阔的想象空间和更多的选择，多一个选择永远是好的，就像电视出现了以后，你依然可以去看话剧、看电影，但是你多了一个看电视的选择。关键是看是什么人在用这个技术。"

在陈睿看来，传统企业在互联网化的过程中，产品必须互联网化，否则，用户是很难被打动的。对此，零点研究咨询集团董事长袁岳2014年在"传统企业的转型布局"主题论坛上就传统经济和新经济的结合发表了自己的看法。

袁岳坦言："很多在互联网上的交易之所以不挣钱，是因为交易的产品不够互联网化，这是对很多非传统企业而言的压力和机会所在。因此，对于传统企业而言，转型不是简单地做一个传播或者交易平台，而是让自己的产品具备互联网时代的黏性。"袁岳提醒传统企业的经营者说："互联网化的产品是基于跟互联网上的消费者充分、适度地交流，而且要把消费者激励起来，参与到企业的组成部分，这是传统企业重获新生的机会。"

袁岳的看法很有前瞻性，因为三个前提已经改变了。他认为：第一个前提，人在互联网化的过程中被改变了。普通的消费者或者企业，作为商业的顾客，通过互联网被改变，今天他的信息化的程度非常高，几乎达到无所不知的程度。所以，这时候的消费者跟以前的消费者是不一样的。第二，今天在互联网，尤其在移动互联网上的消费者，他看一个东西，从喜欢到不喜欢，从新鲜到不新鲜，这个周期是非常短的。对于服装，这个周期就是15天，15天之后，消费者就会觉得买回来的衣服就是旧的，周期很短。第三，娱乐观和审美观不一样了，比如过去很多人跑到购物中心，觉得购物中心挺棒的。但是，对一个20岁的女孩子来说，她觉得购物中心很差劲，因为购物中心里的店铺的动态性太差，所以年轻一代对购物中心不会有那么大的兴趣，因为它是老牌的，是传统的。所以，当人被互联网改变的时候，为人服务的产品和服务就要相应地改变。

袁岳说："以前我们理解的互联网，就是在互联网上传播东西，做新媒体、自媒体。我们知道在互联网上卖东西，淘宝、阿里巴巴这是互联网平台。但是，在互联网上传播和卖东西真的会挣钱吗？很多人开的店是不挣钱的。说明我们拿来交易的产品不够互联网化。这对于我们很多传统企业，包括像小米这样的非传统企业而言，既是机会，也是压力。所以要有差别，要互联网化。所以，从这个意义上来说，今年（2014 年）我们传统企业的巨大机会，不是简单要做一个传播网站，不是简单做一个交易平台，而是让这个产品达到具备互联网时代的黏性的要求，或者让消费者看了就达到非常喜欢的程度。互联网化的消费者喜欢的东西和非互联网化不怎么上网、偶尔上网的人喜欢的东西是很不一样的，美学观念差别很多。"

事实证明，对于传统企业来说，产品互联网化，除了简单地指某样产品利用互联网平台和技术从事生产和商务营销活动外，还有就是运用互联网思维发现和创造投资者及消费者的需求，从而有针对性地制造产品。

究其原因，在互联网时代背景下，消费者对传统企业商品的认知和接受不仅依靠传统的广告推广和宣传，更多的是用户在使用、体验后的较好口碑宣传。在互联网运用越来越普及的趋势下，互联网已经大大地改变了人类的生活。

当用户对商品有体验之后，时常会在一些专业网站上发帖记录一些自己体验后的评论，这些评论已经成为传统企业互联网化之后的数据信息，为了更好地实施产品互联网化，传统企业将大部分产品信息都发布在互联网上，便于用户得到更快、更便捷的搜索体验，这些信息包括产品介绍、价格、服务等，真正满足用户"货比三家""质量保证"的认知和接受需求，有效地为满足消费者的需求或者挖掘消费者的潜在需求提供了技术支持。

众所周知，在互联网浪潮下，对于传统制造企业来说，不变革、拒绝产品互联网化就注定要落后挨打，甚至要被淘汰。这样的观点得到了工业和信息化部原副部长杨学山的认可。在第十一届中国制造业管理国际论坛上，杨学山告诫中国传统企业经营者："在互联网思维下，市场的生产模式、商业模式，乃至创新方式都在发生变化，制造业企业不变革就要落后挨打。中国制

造业发展的大方向和大趋势就是要从制造大国走向制造强国，构建成具有国际竞争力的现代产业体系。为了实现这个目标，一定要充分利用中国的比较优势、制度优势，走符合中国国情的新型工业化发展道路。"

在杨学山看来，中国制造业正面临在新技术体系推动下新的发展机遇，互联网、信息化、数字化环境下，中国制造企业要用融合思维来考虑中国制造业的发展。在这样的背景下，机遇与挑战并存，即传统制造企业在转型过程中赢得机遇的同时，也面临着一系列困难：第一，劳动力成本上升引发的制造业成本上升是无法逆转的；第二，制造业的发展面临资源环境的刚性约束，资本和市场的力量很难解决；第三，制造业发展正面临着在新技术体系推动下的新的发展机遇。[①]

在机遇与困难面前，杨学山建议传统企业的经营者："互联网思维下的中国制造的核心还是中国制造，还是要生产出满足需求的各种产品，要有成本优势、质量优势、品牌优势，说到底有国际竞争优势。企业要从本质上理解它，而不仅仅是考虑互联网来了，企业应该怎么办；更不要把互联网和传统制造业对立起来，那不是互联网思维下的中国制造，不是两化融合。每一个企业都要树立发展目标，并结合在行业、产业链和地区的位置找到切入点，形成自己的核心竞争力，从而形成中国制造的核心竞争力。"

既然产品互联网化对于传统企业非常重要，那么互联网是如何颠覆传统企业的产品制造的呢？

究其原因，是信息和网络技术广泛地渗透和影响制造业，同时带来了工业互联网、工业云、大数据等新的生产思维。研究发现，制造业互联网化的鲜明特征如下：智能产品、众包设计、智能制造、在线服务，以及基于互联网的新型商业模式等。

对此，美国参数技术公司（PTC 公司）全球 CEO 詹姆斯·贺普曼在论坛

---

① 王熙. 传统制造业产品互联网化将在 2015 年爆发 [EB/OL]. 2015 – 01 – 06. http://www.cww. net. cn/news/html/2015/1/6/201516169212315. htm.

上发表了对互联网变革传统制造的三点看法。

第一，原先硬件创造的价值正在被软件创造的价值所共享，与硬件相关联的软件创造的价值将超越以往任何时候。

第二，联接为智能硬件在软件方面的创新提供了新的选择，从而创造"新的智能"。云计算的颠覆性由此体现。在制造智能联接产品时，人们可以选择把大部分软件直接与硬件集成，这样可以得到更快的响应速度、较低的网络依赖程度和更高的安全性；也可以把所有的应用都放在云端，如此一来，硬件变成了终端接口，制造的复杂度会大大降低，而所有有价值的应用可以通过网络灵活配置，选择更多、更新更快，硬件的价值也会因此降低；当然，也可以二者结合，把部分核心功能做成嵌入式软件，而把一些应用放在云端。

第三，智能连接产品会带来商业模式的变化——从销售产品到销售服务。飞利浦照明的模式创新是一个典型案例，其改变以往销售灯具的模式，与华盛顿地区的停车库签订为期10年的照明服务合同，并为这些车库安装LED灯。服务期间，飞利浦不仅需要提供高品质产品，还要持续做好服务——通过传感器、芯片让照明智能化，从而通过系统平台监控、运营和服务。从模式上来看，这是双赢的——用户得到他们需要的"舒适"，而制造商和服务提供商取得了稳定且源源不断的利润。①

在詹姆斯·贺普曼看来，信息技术、互联网、信息技术和工业技术的结合，无疑会改变制造业产品的制造流程。一般来说，传统企业只有提供给用户真正需要的产品，才能提高产品本身的附加价值。

---

① 王熙. 传统制造业产品互联网化将在2015年爆发［EB/OL］. 2015 – 01 – 06. http://www.cww.net.cn/news/html/2015/1/6/201516169212315.htm.

第 17 章　再造价值链

2021 年 12 月，《经济学人》发表了一篇名为《下一个是什么？2022 年值得关注的 22 项新兴技术》的文章。该文就把元宇宙作为"永久的虚拟世界"技术列入其中。在科技公司的描述里，元宇宙集合 VR、AR、MR、人工智能等技术于一身，能够在一个数字虚拟空间内打造出近乎真实世界的"拟真感"，让用户具有身临其境的感官体验，蕴含着现实生活的无限可能。

在顶层治理方面，元宇宙强调的"开放"需要"有序"来加持，否则会因缺乏有效治理而使元宇宙变成"暗"宇宙，因此需要制定完善的规则体系，保证元宇宙可持续。在实践过程中面临增加管理成本，以降低交易成本、提升整体效率等情况。

早在 2015 年，西门子（中国）有限公司数字化工厂自动化部副总经理李劲松在接受媒体采访时就说道："互联网改变了人们的消费方式和生活习惯，当消费者越来越依赖互联网寻求产品信息，企业也就不得不思考，如何利用网络平台，去抢占更多的市场。"

李劲松坦言，在积极实践德国国家战略——工业 4.0 的远期目标的路线上，西门子首先做到的就是推进数字化工厂业务。数字化工厂是将产品从研发设计，到测试验证，再到生产制造，通过数字化工具将数据链、信息链串联在一起，形成一个有机的整体。这样的变化自然会涉及组织架构的升级，否则无法适应元宇宙场景的管理要求。为此，美国哈佛商学院著名战略学家迈克尔·波特提出了"价值链分析法"。"价值链分析法"涉及企业生产、销售、进料后勤、发货后勤、售后服务，以及人事、财务、计划、研究与开发、采购等。

按照迈克尔·波特的"价值链分析法"，一般企业的价值链战略环节可以简化为原料采购、设计生产、分销渠道、营销广告、销售消费、售后服务六个环节。在这六个环节中，企业内部职能部门与外部主体的不完全可控性，可能导致利益冲突和合作不力等问题，这个链条在激烈竞争的环境中无疑是最为脆弱的，被互联网化的可能性也最大。

一、重塑前端价值链

新冠肺炎疫情极大加速了企业的数字化转型。毕马威面向全球大企业 CEO 的调查数据显示，80% 的受访者表示，新冠肺炎疫情加快了企业的数字化转型，其中 30% 的受访者表示当前进度已远超之前预期。毕马威中国通信、媒体及科技行业主管合伙人陈俭德认为，元宇宙在这个时间点获得广泛关注，一方面得益于各种核心技术、硬件不断发展，一些面向消费者的产品不断落地；另一方面，新冠肺炎疫情改变了人们的生活和工作方式，加速了企业的数字化转型，为元宇宙概念快速发展提供了契机。

事实上，传统企业的数字化转型中，必须要清楚的是其核心就是传统企业在线化、数据化。在过去十多年的时间里，企业价值链层面表现为一个个环节的互联网化：从消费者上线开始，从客户服务到销售消费、营销推广、批发零售、设计生产、原料采购，从 C 端逆流而上地渗透到 B 端，实现企业价值链的"逆向"互联网化。见图 17－1[①]。

在阿里巴巴第五季活水计划"十佳学者"王淑翠看来，这种价值链的变化衍生出程度不同产业的互联网化，这些产业从早到晚大致次序为：营销广告业、批发零售业、文化娱乐业、生活服务业、金融、跨境电商、制造业

---

① 王淑翠. 互联网＋传统企业：从一条价值链说起 ［EB/OL］. 2015－08－11. http://www.vc-coo. com/v/ef41f5.

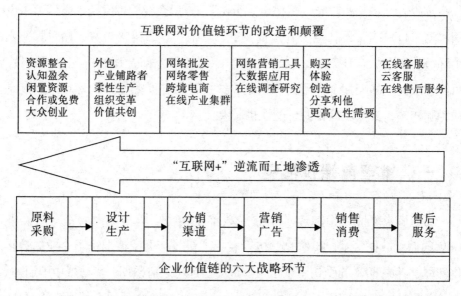

图 17-1 "互联网+传统企业"价值链

等。① 对此，联想集团董事长兼 CEO 杨元庆直言："全面向互联网转型是我们刻不容缓的目标。我们需要快速建立起互联网的业务模式，产品有更好的互联网应用体验，销售有更强的互联网通道，市场营销要更充分发挥互联网的特性和手段，以消费者为核心，推广我们的产品，宣传我们的形象。"

在杨元庆看来，积极拥抱互联网，再造价值链成为联想的未来发展之路。除了联想，一直专注空调的格力电器也在重塑价值链。格力电器董事长兼总裁董明珠，在"网红""直播""董小姐"等路径中进行自身的赛道转型。

2019 年 1 月 16 日，格力电器 2018 年度业绩预告显示，2018 年全年实现营业总收入 2 000 亿～2 010 亿元。相比小米集团，实现总营收 1 749 亿元，同比增长 52.6%，经调整利润 86 亿元，同比增长 59.5%。

这样的业绩意义十分巨大：第一，格力电器作为传统制造业当之无愧的长期主义、产品主义的践行者，极致的产品才是王道。第二，在董明珠的主

---

① 王淑翠. 互联网+传统企业：从一条价值链说起 [EB/OL]. 2015-08-07. http://www.vc-coo.com/v/ef41f5.

导下，格力电器始终坚守自己的核心业务，同时有序地进行多元化市场的布局和尝试。第三，在当下的互联网浪潮下，董明珠直接拥抱互联网，激活线下的几万家专卖店，为未来真正 O2O 打下坚实的基础。第四，新冠肺炎疫情严重冲击实体经济，线下销售遭遇致命打击，尤其是以空调业务为主要营收的格力电器，董明珠不得不另辟蹊径，开始自己的直播之路。

正因为如此，2020 年，"多元化""网红""直播""董小姐""格力电器"这五个关键词始终聚焦在媒体的头条上，也让董明珠备受争议。

（1）赛道转型：专注做主业，不排斥多元化。

在很长一段时间里，格力电器对外高调宣称，格力电器始终坚持专业化。然而，面对新时代的技术革命、竞争对手的步步紧逼，以及自身遭遇专业化坡顶后，摆在格力电器高层面前的棘手问题是，专业化和多元化这样赛道的变更已经不是选与不选的问题，而是必须在最短的时间内作出抉择。

要想打破这样的困局，在推进赛道转型战略的同时，必须与时俱进，跟上技术革新，以此满足用户需求，提升格力电器的竞争优势。基于这样的战略背景，董明珠高调地对外吹响多元化的集结号。

2016 年 7 月 23 日，在北京举行的第二届中国制造高峰论坛上，董明珠对外宣称："在这里向大家宣布，格力电器从专业化的空调企业进入了一个多元化的时代。"由此拉开了格力电器专注做主业，同时进行多元化战略尝试的幕布。此番宣誓犹如一颗重磅炸弹，响彻云霄。这意味着格力长期以来倡导的专业化战略方向终结。

在接受《中国经营报》采访时，董明珠说道："其实很多人问过我，格力只是单一做空调业务，你们是不是已经碰到了天花板？我想未来至少 5 年乃至 10 年，格力仍然会坚持空调专业化的道路。我觉得格力的发展没有天花板，格力坚持专业化是因为这个领域还有更多更深层次的基础问题需要研究，只要这个企业技术不断地升级，它的市场就永远有前景。过去 20 年间，格力空调从家用空调延伸到商用空调，已经达到了 600 亿元销售规模，我觉得商用空调领域我们还可以增加 300 亿元、400 亿元销量。"

在董明珠看来，长期坚持专业化战略保障了格力电器的高速发展。据董明珠介绍，2011 年，格力从当初的年产值不到 2 000 万元的小厂，已经成长为一个已经增长了 3 040 倍，实现年销售额高达 608 亿元，拥有国内外八大生产基地，被国家市场监督管理总局授予中国空调行业唯一的"世界名牌"产品称号，以及自主品牌远销全球 100 多个国家和地区，创造了产销量连续 16 年国内第一、连续 6 年世界第一销售奇迹的大型集团公司。

格力电器进入多元化时代后，是否就意味着舍弃之前一直倡导的专业化战略呢？董明珠给出了否定的答案，同时她还以电机和压缩机举例称："格力电器不仅有自己的空调，而且由于掌握了核心延伸带来了新的产业发展，其中电机压缩机也做到了世界领先的水平。"

据董明珠介绍，格力电器实施多元化战略，是因为格力电器已经掌握足以支撑研发与制造冰箱、新能源汽车、小家电、手机、机器人、环保等众多领域的核心技术。董明珠补充道："2017 年，格力电器完成了 20 多款伺服电机产品开发，已批量应用于智能装备公司的机械手、机器人产品，其综合性能可媲美日本安川、三菱等公司的产品，打破了高端伺服电机由日系和欧系垄断的局面。格力自主研发的小压比小流量磁悬浮压缩机，比之前的磁悬浮冷水机组 + 组合柜方案性能提升 40% 以上。"

（2）企业家身份转型：自己代言，自己直播，发挥"网红"企业家的最大价值。

在公开场合，董明珠并不反感媒体把她称为"网红"。董明珠在 2016 年中国企业领袖年会的演讲中说道："我最近是'网红'，'网红'的原因很多，第一个原因就是我们在收购银隆的时候，遭到了股东的反对。第二个是关于我的辞职问题，不再担任集团董事长。第三个就是最让大家关注的'野蛮人敲门'。"

在互联网上，董明珠的言论总是赢得网友的认可。2016 年 11 月，网上就一则署名为珠海格力电器股份有限公司的《关于公司全员每人每月加薪 1 000 元的通知》的信息被曝光，该文件显示，从 2016 年 12 月起，该公司全体员工每人每月加薪 1 000 元。

面对媒体的质疑，参加《央视财经论坛》的董明珠对此事进行了回应："目前格力电器净利润率能达到 13%，2011 年格力电器人均产值 90 万元不到，现在人均产值翻了一倍，营收 1 000 多亿元，7 万多个员工，包括 8 000 多名技术专家人才，人员足足减少了一半，劳动果实要大家分享，所以提高 1 000 元工资。"

董明珠这种做法引起了同行的不满。为此，董明珠霸气地回应："有人说，你给员工每人多发 1 000 元钱，我们怎么办？你们也可以发呀！我不仅今年要多发 1 000 元，明年还要再多发 1 000 元。在这个智能制造的时代，员工自己创造出的价值，员工自己要享受到。我要说，买格力的股票，你是在投资，而不是在投机。"

董明珠之所以这样做，是因为可以起到三方面的作用：第一，品牌的传播越来越人格化；第二，"粉丝"经济的催化让"网红"企业家和企业紧紧连接起来；第三，董明珠痛陈国产电饭煲、金句不断、创建自己的自媒体、上格力手机开机画面，省下数以亿计的公关费、广告推广费。

正因为如此，董明珠虽然备受争议，遭遇诸多企业家的不理解，但是她读懂了时代的心声，深谙"网红"企业家的商业价值。

（3）营销推广转型：直播更多是品牌宣传，而非颠覆原有的专卖店渠道模式。

格力电器官方微信号 2020 年 9 月 20 日发布的消息显示，2020 年 9 月 19 日晚，格力电器全国巡回直播在第三站桂林圆满完成，销售额达到 11.8 亿元。这也是 2020 年以来格力电器的第八场直播，累计销售额达到 341.8 亿元。

据董明珠介绍，格力董明珠微店将与格力三万家线下专卖店结合，开启 O2O 模式，即线下体验、线上下单，享受全国统一价格、配送和售后服务。

格力电器这样做，源于格力电器的自身转型：第一，格力电器通过互联网技术给用户提供极致的服务和产品。第二，格力电器通过互联网技术做好线上和线下体验的 O2O 全渠道通路建设。第三，格力电器通过互联网技术让

用户需求前置，把产品研发、设计让路给用户，让用户参与生产、研发、制造，从而实现零库存的订单生产。第四，格力电器通过互联网技术，降低了传统企业在宣传、渠道等方面的成本。第五，整合专卖店，提高店员的工作效率。一是专卖店不仅仅是销售门店，同时还是体验中心、仓储中心、配送中心、货物中转中心、导购中心；二是员工不仅仅是销售员，同时还是导购、销售专家、讲解员、配送员、售后服务员、安装督导员、安装监测员、老客户回访员；三是提升用户的极致体验感，当客户在线上下单后，通过就近的专卖门店快速反应，即可在 15 分钟内送货到用户家中。鉴于此，董明珠的直播更多是品牌宣传，而非颠覆原有的专卖店渠道模式。

二、革新产业链条

正当马克·扎克伯格把脸书更名为 Meta 时，互联网和 IT 巨头也跟风而动，着手布局一系列涉足元宇宙生态的生态建设。面对《中国经营报》记者提出"伴随一系列虚拟人的诞生，人类社会已经正式踏上了元宇宙的征程。那么，元宇宙到底有哪些应用前景？这些应用前景会按照一个怎样的顺序来与现实世界进行填充、连接、叠加、融合？在元宇宙的背后，隐现着怎样一个全新的商业机会版图？"等元宇宙相关问题时，中国移动通信联合会元宇宙产业委员会执行主任于佳宁介绍说："在元宇宙时代，数字化技术给产业带来的变化绝非简单的技术升级，而是全行业的底层商业模式和产业链条的革新。元宇宙时代会有与现在完全不一样的产业图景和商业形态，将会促进数字经济与实体经济实现更深层次的融合，从而助力'百行千业'全面转型升级，为实体企业开辟全新的发展空间，让各行各业都能找到'第二曲线'新发展空间。"①

与此同时，Gartner 研究副总裁马蒂·雷斯尼克介绍说道："通过从数字业

① 屈丽丽. 元宇宙：一场全新的"商业机会版图"［N］. 中国经营报，2022－02－19.

务转向元宇宙业务，企业将能够以前所未有的方式扩大和加强他们的业务模式。到 2026 年，全球 30% 的企业和机构将拥有用于元宇宙的产品和服务。"

元宇宙巨大的商业潜力自然吸引众多的传统企业入局，韩国最大金融机构之一的韩国国民银行就是金融与元宇宙融合探索的先行者。在布局元宇宙战略上，韩国国民银行已经初步建立起"分行"和数字资产等应用场景。

对于韩国国民银行涉足元宇宙业务，韩国国民银行科技集团副总裁金秀妍回应道："10 ～ 20 年前还处于试验阶段的手机和网上银行已成为今天的主要交易渠道，……元宇宙有足够的潜力发展成为一个新的金融服务渠道。"

回顾韩国国民银行探索元宇宙的过程发现，2021 年 6 月，韩国国民银行在元宇宙平台"聚集"（Gather）上创建了一个"虚拟城镇"（Virtual Town），在这个"虚拟城镇"中创建了一家远程办公中心、一家金融商务中心和一个游戏场。与日常的办公中心类似的是，员工必须在规定时间到远程办公中心的虚拟会议室，通过视频方式进行工作汇报和工作沟通。

该银行经理肯定了虚拟会议室的作用，他说道："多亏了元宇宙，我感觉我的工作效率提高了很多，我可以在家中与团队成员积极交流。"究其原因，当客户将头像拉到银行窗口时，面对工作人员的视频聊天就能够自动连接。当咨询新的产品和服务时，相对于传统手册，客户能够点入产品链接，以更具动感的方式了解产品特点，并随时向工作人员提问。[①]

不仅仅是构建虚拟会议室，韩国国民银行还构建了虚拟分行。2021 年 11 月 29 日，韩国国民银行与 VR 内容开发商"共享箱"（Sharebox）展开跨界合作，一起来构建虚拟分行。具体的做法是，韩国国民银行允许佩戴头戴式 VR 设备的顾客体验其元宇宙银行，韩国国民银行通过头戴式显示器（HMD）设备的用户界面和交互支持为顾客提供差异化的客户体验，例如一对一的咨询业务。

---

① 新浪财经. 元宇宙 + 金融：典型案例和发展路径 ［EB/OL］. 2022 – 04 – 24. https://finance. sina. com. cn/blockchain/2022 – 04 – 24/doc – imcwiwst3730063. shtml?r = 0&tr = 12.

在虚拟分行中，虚拟银行由入口、贵宾休息室和大厅三部分组成。在虚拟分行大厅，顾客可以访问个性化的财务信息，或者进行单一的财务交易如汇款等业务。贵宾休息室为顾客提供相关的咨询服务、投资倾向分析和投资组合体验。

在数字资产板块，韩国国民银行也做了相关的布局，这与韩国国民银行决策层有很大的关系。早在元宇宙成为投资风口前，韩国国民银行就顺应经济发展趋势，前瞻性地部署数字资产市场。公开资料显示，2020 年，韩国国民银行已在韩国知识产权局注册了名为 KBDAC 的商标，试图开展数字货币交易、咨询等业务。2020 年 11 月，韩国国民银行通过对数字资产管理公司 KO-DA 的战略投资，入局数字资产市场。2021 年 12 月，韩国国民银行表示，已经开发了新的多币种钱包，能够存储 NFT 和各种代币，包括中央银行发行的货币。截至 2022 年 4 月 24 日，韩国国民银行多币种钱包已经成功完成测试，并可能作为试点的一部分进行测试。未来，该钱包将为各种数字资产，如加密资产、韩国当地政府发行的稳定币和 NFT，提供账户充值、汇款和支付服务。①

① 新浪财经. 元宇宙 + 金融：典型案例和发展路径 ［EB/OL］. 2022 – 04 – 24. https://finance. sina. com. cn/blockchain/2022 – 04 – 24/doc – imcwiwst3730063. shtml?r = 0&tr = 12.

第六部分
"元宇宙+"，如何加

　　元宇宙将成为创新创业的主战场，在未来五年内也将涌现一大批新型独角兽企业。工业元宇宙、商贸元宇宙、金融元宇宙、教育元宇宙、文化元宇宙、大健康元宇宙等产业元宇宙的应用落地会给经济发展带来重大机遇。总的来看，在数字化转型变革需求强烈的行业，比如医疗、工业、制造业等，以及数字化程度较高的领域，比如娱乐、社交、工作、学习等领域将会率先发展。

　　——中国移动通信联合会元宇宙产业委员会执行主任　于佳宁

第 18 章　元宇宙 + 教育

元宇宙在教育领域的应用越来越广泛，在元宇宙教育当前的全新教学环境中，用户只需戴上 VR 设备，比如眼镜和耳机，就能身临其境地体验现实世界的立体教学模型。例如，行星的运动轨迹、古代建筑的内部结构、人体器官等。这样的变化源于以下几点：

（1）随着互联网、VR/AR、物联网等技术的发展，元宇宙的商业潜力已经延伸到包括教育应用在内的更多领域。当然，在元宇宙教育中，用户拥有了新技术介质，相关的学习方式、交互方式都发生了巨大的变化。在现阶段的教育行业中，教学方式以板书、图片、文字或符号等 2D 内容展示结合老师口述或视频授课为主，痛点在于 2D 学习情境下部分学生参与度不高，无法有效激发学习兴趣，只能依靠老师进行被动式知识填充，容易造成记忆不牢固、学习效率低等问题。VR、AR 等技术，可以让学生置身于高还原度、高拟真、具象化的 3D 学习情境中，充分发挥虚拟三维空间的展示力和解释力，将抽象、复杂的概念简单化，降低理解难度，提升学习效率。同时，现阶段 Inside - out 空间位置定位技术和基于手柄采集六个自由度数据进行运动轨迹追踪的 6DoF 技术日趋成熟，相关装备逐渐在消费级产品中出现，如脸书的 Oculus 系列产品和三星的 Odyssey 系列产品。依靠装备 Inside - out + 6DoF 技术的可穿戴设备，学生可以与虚拟环境、抽象概念或老师、同学进行互动，得到沉浸式的学习体验，进而激发学习热情，提升注意力水平，同时寓教于乐，避免了填鸭式教学，通过自主学习巩固加深记忆。[①]

---

① 毕马威中国. 初探元宇宙 ［R］. 2022 - 03：5 - 30.

（2）产业政策的调整。教育部在《教师教育振兴行动计划（2018—2022年)》中指出，要充分利用虚拟现实等新技术，推进信息化教学平台的建设，推动教学方式的变革。同时对于行业培训产业，借助虚拟（增强）现实技术，构建更高效、更安全的模拟仿真工作环境，降低某些行业培训实操的经济和时间成本，最大程度地帮助学员做到培训和实操的无缝对接，优化培训效果，提高培训效率。①

（3）新冠肺炎疫情沉重打击了全球教育行业。数据显示，全球大约16亿名学生的学业遭受重大影响。随后，线上教学模式得到普及与发展，Zoom、MOOC、腾讯会议、钉钉等在线教学平台已经成为保持正常学习的介质，线上教学逐渐成为当下教育领域关注的焦点，也为元宇宙在教育领域的应用拉开序幕。

对于元宇宙教育，马克·扎克伯格有过相关的介绍："元宇宙的到来将重塑未来的教育方式，而VR、AR等技术将是打造'元宇宙＋教育'的强大工具。"IDC预测，2026年AR培训（Training – AR）、工业维护（Industrial Maintenance）和AR实验室及现场实践（高等教育）［Lab and Field（Post – Secondary)］将成为主流应用场景，共计约占中国AR市场投资规模的30.1%。②

一、已开启的元宇宙＋教育

元宇宙中的教育因为其沉浸感，不仅能够提升课堂效率，同时可以激发学生的学习兴趣。清华大学学堂在线总裁王帅国在接受《中国教育报》记者采访时说道："元宇宙特别适合运用于沉浸式学习，它给学生创造了更身临其境的学习空间。……以学习历史为例，元宇宙技术下的课件、教材可以不局

---

① 毕马威中国. 初探元宇宙［R］. 2022 – 03：5 – 30.

② IDC中国. IDC预计，2026年中国AR/VR市场规模将超130亿美元［EB/OL］. 2022 – 05 – 26. https://www.idc.com/getdoc.jsp?containerId = prCHC49165722.

限于书本、幻灯片，学生可以自己行走在古代街头，见证那时的社会风俗，甚至能够和杜甫吟诗作对。教师可以根据自己的喜好，设置自己喜欢的形象，授课教师也可能是司马迁或者爱因斯坦。……每个反应可以变成一个具象化的符号，比如某个学生对教师的讲解表示疑惑，头上就会蹦出一个问号，方便教师及时捕捉反馈。"

对于这样的学习范式，北京师范大学教育技术学院副教授江丰光回忆了他在德国伊斯梅瑙科技大学访学时的见闻，并说道："能想象吗？走进虚拟现实教室，戴上 VR 眼镜、手套，建筑系的学生可以看到书本上的三角函数公式变成立体的桥梁；医学院的学生可以看到血液在血管里流动，癌细胞怎样在人体里生长、变异。"

在江丰光教授看来，通过 VR 进行的教学，可以让学生体验到更加"真实"的效果。对此观点，北京师范大学教授蔡苏坦言："VR 教育可以用在很多领域，不仅是中小学基础学科教育，在高等教育、职业教育、科普教育中也有很好的应用价值。"因此，对于 VR 教育，无论哪个学科、哪个领域，只要其知识能用可视化形式展现，尤其是展示现实教学中不能展示的，或者展示成本较高、效果不好的，它就适于用 VR 技术。

蔡苏坦言："目前看，（VR 技术在）宇宙宇航、大气与航空、人体医学、植物与农业、地球与海洋、机器人与新材料等自然科学工程领域应用的效果尤其好。这是因为 VR 技术可以根据实际需要扩展或压缩时间、空间。"蔡苏举例说："比如在真实环境中需要几个月才能看到结果的豌豆实验，或是爆炸、原子反应等瞬间；在真实世界中很难用肉眼观察到的分子、原子结构，或是浩渺的太阳系、银河系空间，都可以通过虚拟环境呈现。这能给人以直观展示，而不再是抽象的、概念上的认知，这就是虚拟现实教育最大的好处——带给学习者沉浸式的直观体验。

除了知识和信息上的直观感知与获取，VR 技术还可以通过模拟真实环境，让学生进行模拟操作，这使得 VR 技术在实际操作中成本较高或有较大危

险性的职业教育领域中有广泛的应用前景。① 清华大学计算机系教授史元春说道："在科研教育中，元宇宙技术可以模拟出昂贵的教学设备，还原机械设备的同时，还能够辅助教师进行教学。……元宇宙技术可以大大节约教育成本。将其应用到人体解剖、手术模拟、化工实验等领域，可以极大程度地降低实验损耗，在高危险系数的实验中更能起到保护师生生命安全的作用。"

在史元春看来，元宇宙教育不仅可以降低相关的教育成本，还可以减少实验损耗。美国加利福尼亚州健康科学西部大学就开设了一个虚拟现实的学习中心。据悉，该中心由四种 VR 技术、两个 zSpace 显示屏、Anatomage 虚拟解剖台、Oculus Rift 和 iPad 上的斯坦福大学解剖模型组成。该校学生可以通过虚拟现实学习牙科、骨科、兽医、物理治疗和护理方面的知识。

构建虚拟现实的学习中心不仅可以帮助医生进行大规模的手术练习，还可以帮助医生克服感官和肢体方面的障碍。当用户使用 VR 时，VR 可以建立虚拟的人体模型。借助跟踪球、HMD（头戴式显示器）、感觉手套，医学院的学生们可以非常容易了解人体的内部各器官结构。这样的技术运用比传统教科书有效得多。

20 世纪 90 年代初，Pieper 及 Satara 等研究者基于两个 SGI 工作站建立了一个虚拟外科手术训练器，主要模拟腿部及腹部外科手术。这个虚拟手术包括虚拟的手术台、手术灯，虚拟的外科工具（如手术刀、注射器、手术钳等），虚拟的人体模型与器官，等等。

用户借助 HMD 及感觉手套就可以对虚拟的人体模型进行手术。由于技术的原因，该系统需要进一步改进，如提高手术环境的真实感，增加互联网功能，使其能同时培训多个用户，或者可以在外地专家的指导下工作，等等。

事实证明，VR 技术对手术后果的预测以及改善残疾人的生活状况，乃至新型药物的研制等都具有非常重要的意义。特别是在医学院校中，学生可在虚拟实验室中进行对"尸体"的解剖和各种手术练习。不可否认的是，运用

---

① 陈莹. VR + 教育，你看到了什么［N］. 科技日报，2016 – 06 – 15.

VR 这项技术可以不受标本、场地等限制，大大地降低了学生的培训费用。

一些用于医学培训、实习和研究的虚拟现实系统，仿真程度非常高，其优越性和效果是不可估量的。例如，导管插入动脉的模拟器，可以使学生反复实践导管插入动脉时的操作；眼睛手术模拟器，根据人眼的前眼结构创造出三维立体图像，并带有实时的触觉反馈，学生可以利用它观察模拟移去晶状体的全过程，并观察到眼睛前部结构的血管、虹膜和巩膜组织及角膜的透明度等。还有麻醉虚拟现实系统、口腔手术模拟器等。

当然，也有一些外科医生在真正动手术之前，通过虚拟现实技术，在显示器上重复地模拟手术，移动人体内的器官，寻找最佳的手术方案并提高其熟练度。在远距离遥控外科手术，复杂手术的计划安排，手术过程的信息指导，手术后果预测及改善残疾人生活状况，乃至新药研制等方面，虚拟现实技术都能发挥十分重要的作用，应用前景更加明朗。

江丰光在接受《科技日报》采访时介绍称，我国台湾的淡江大学就曾利用 VR 技术，有效地培养了职业的水上摩托车骑手。具体的做法是，通过 VR 手段模拟真实的海浪冲击水上摩托车的体验，让职业水上摩托车骑手在实地驾驶前，真实体验水上摩托车，从而规避在实地教学中存在的驾驶风险。同时，"培训医学院的学生做手术，或是培养飞机、火车驾驶员等，都可以用上 VR 技术手段，日本等国也已经有了类似的尝试"。

值得关注的是，在教育领域，不管是 VR，或者是其他信息技术，在教学中，仅仅是一种工具和手段，绝对代替不了真实的操作。究其原因，"就像开飞机、开火车，我们可以利用 VR 技术，在教室里完成对基本操作的模拟，但因为这些活动在实操环节会遇到各种各样虚拟环境无法模拟的状况，仍需要在真实环境中演练"。

二、元宇宙教育的商业前景

以 VR、AR 等技术为主构建而成的交互式教学模式，像是大型游戏，让

学生既能体会到虚拟空间的真实感，也能体会到寓教于乐的娱乐效果。例如AR技术最常运用于儿童早教领域，由新技术打造的元宇宙虚拟空间与教育相结合，能够激发儿童的好奇心、想象力、创造力以及学习潜能。又例如，VR、MR等技术更适合满足职业性、场景化的教育需求，比如通过虚拟教学场景直观而形象地展现驾驶操作等。随着元宇宙与教育的深度融合，未来教育行业将出现更多由技术开发人员与创意设计人员打造的全新的教学环境。

对于AR技术，苹果CEO蒂姆·库克在接受《时代》杂志采访被问到元宇宙时表示："我对增强现实能带来的东西感到非常兴奋。这是虚拟世界与现实世界的叠加，而且不会分散你对现实世界和现实关系的注意力，因为它能加强彼此之间的关系和合作。不要讲什么元宇宙就是增强现实，显然总有不同的说法，我就不'炫'那些流行语了。我们只将其称为增强现实（AR），但我对这些新东西超级兴奋，并相信科技可以给世界带来很多好处。当然，这取决于创造者，取决于他们是否全面考虑过新技术如何使用和误用的方式。但最重要的是，这些事情能让我们有更多时间进行休闲娱乐活动、做更多想做的事，我对生活中会发生的这些非常乐观。"

在蒂姆·库克看来，虚拟现实+人工智能+传统行业，尤其随着人工智能技术的进一步成熟和完善，这样的商业变化无疑在召唤一个新时代的到来。

"电数宝"2015年5月大数据库数据显示，2021年在线教育行业市场规模将突破5 000亿元，达5 230亿元，同比增长20.84%。此外，2016—2020年市场规模（增速）分别为1 872亿元（28.21%）、2 329亿元（24.41%）、2 855亿元（22.58%）、3 468亿元（21.47%）、4 328亿元（24.80%）。见图18-1。

"电数宝"数据还显示，2021年在线教育行业用户规模将达4.1亿人，同比增长19.88%。此外，2016—2020年的用户规模（增速）分别为1.07亿人（21.59%）、1.47亿人（37.38%）、2.01亿人（36.73%）、2.69亿人（33.83%）、3.42亿人（27.13%）。见图18-2。

图 18-1 2016—2021 年在线教育行业市场规模及其增长率

资料来源：网经社。

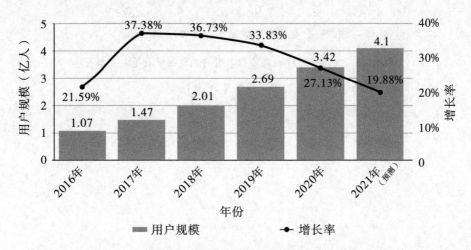

图 18-2 2016—2021 年在线教育行业用户规模及其增长率

资料来源：网经社。

　　这组数据足以说明在线培训市场巨大的商机。网经社统计数据显示，2013—2020 年，中国在线教育领域投融资总数达到 1 021 起，投融资总金额高达 1 313 亿元。受新冠肺炎疫情的影响，在线教育快速发展，行业融资也迎来新变化。

2020年，中国在线教育领域投融资数量较2019年有所下降，共111起，但总金额出现巨幅增长，高达539.3亿元。2021年1—5月，中国在线教育投融资数量为48起，已透露金额总计91.2亿元。见图18-3。

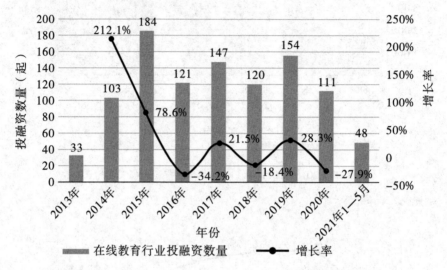

图18-3 2013—2021中国在线教育行业投融资数量及其增长率

资料来源：网经社（数据截至2021年5月29日）。

第 19 章　元宇宙 + 医疗

2022 年 2 月 19 日，由上海呼吸物联网医学工程技术研究中心、元宇宙医学联盟筹委会联合主办，国际呼吸病学会、国际智能健康协会和联盟、中国肺癌防治联盟、上海市呼吸病研究所和复旦大学呼吸病研究所协办的元宇宙医学协会暨联盟创立大会在上海成功举办。在此次大会上，正式成立元宇宙医学联盟（International Association and Alliance of Metaverse in Medicine, IAMM），致力于探索以数字新技术破局传统就医模式里的"老问题"。

医生给患者提供医疗保健服务通常是医生与患者之间面对面互动。在遥远的山区，人一旦身患重症，不得不背井离乡，到大城市的医院接受诊断、医疗或手术护理。随着互联网技术的普及以及新型远程医疗技术的不断出现，边远山区重病患者的就医难题可通过远程医疗，即通过数字技术和互联网技术来解决。2022 年 3 月 30 日，首届全球元宇宙大会上海组织委员会工作会议在线上召开，其中就讨论了相关的课题：元宇宙标准、元宇宙数字医疗等。

一、元宇宙 + 医疗的潜力

在元宇宙的虚实界面中，主要涵盖如下几个方面的内容：

（1）拓展现实包括 VR、AR、MR。

（2）VR 提供沉浸式体验，通过全面接管人类的视觉、听觉、触觉以及动作捕捉来实现元宇宙中的信息输入输出。

（3）AR 在保留现实世界的基础上叠加一层虚拟信息。

（4）MR 通过向视网膜投射光场，可以实现虚拟与真实之间的部分保留

与自由切换。

（5）机器人通过实体的仿真肉身成为连通元宇宙的另一种渠道。

（6）脑机接口技术的应用，其正在成为科技巨头争夺的焦点，目前主要应用于医学领域。①

由此可见，元宇宙覆盖了诊断治疗、远程医疗、远程护理和监控等潜在应用。如果在将来可以将虚拟诊疗体验从 2D 提升到 3D，或是医学的重大进步。从目前来看，VR、人工智能等技术已经开始被应用到医学前沿的多场景中：

（1）医疗培训。使用虚拟实景来培训医务人员，让学习者更有代入感，VR/AR 可穿戴设备可以提供患者疾病的 360°视图，以便医务人员拥有直观的学习体验。这也是现阶段很多创新科技公司的主要推进方向。

（2）外科手术和护理。随着人口老龄化，社会医疗需求增加，手术机器人可以最大限度地减轻医务人员的工作，减轻医疗机构人手不足的负担。目前微创手术机器人可用于辅助医生切除肿瘤和进行复杂的脊柱手术，随着技术迭代，或可达到解放医生双手的飞跃。同时，康复过程中，机器人可为病人提供物理治疗等护理服务，减轻医护人员压力。但该场景实现建立在信息传输无延迟的情况下，5G/6G 技术的实施可能会为此场景带来突破。此外，AI 诊疗、智能健康管理等也是医疗领域重要的落地场景，但目前无论是能够量化的病症还是可穿戴医疗检测设备的发展都尚处于早期，仍需技术的进一步突破才能得以实现。也许未来元宇宙中的虚拟人将会变成全息人，使人体的各部位实现完全数字化。例如患者的心脏不舒服，可以在医疗元宇宙中用纳米机器人进行检查，并通过虚拟化操作实现对本体的诊疗。②

传统医疗模式下存在看病难、看病贵的问题。复旦大学附属中山医院呼吸科教授、上海市呼吸病研究所所长白春学介绍了自己的门诊经历：有一次，

———————————

① 清华大学新媒体研究中心. 2020—2021 年元宇宙发展研究报告 ［R］. 2021 - 09 - 16.

② 毕马威中国. 初探元宇宙 ［R］. 2022 - 03：5 - 30.

他在门诊半天，看了足足 6 个小时，接诊了 92 名患者，看完最后一名患者，已精疲力竭。也是这一回，他做了一次患者"回访"，大部分患者认为医生解决了自己的问题，但也有人抱怨，"排队 2 小时，才看了 3 分钟"。①

白春学教授的经历正是当下医疗资源仍旧紧缺的一个缩影。随着中国老年化浪潮的到来，老年病患者的人数已经接近 2 亿人。《中国互联网医疗年度盘点 2021》报告显示，中国 65 岁及以上人口数量在 2019 年已达 17 603 万人，占总人口的 12.6%，这一人群的占比预计还将继续增长。老年人口普遍对药物及疾病管理有更大的需求，医疗康养成为老年人第二大消费支出，人口结构的转变将对健康产品及医疗健康服务产生较大需求。见图19 - 1。

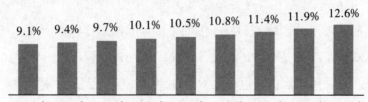

图 19 - 1　2011—2019 年中国 65 岁及以上人口占比

资料来源：国家统计局，易观分析整理。

要想解决这个难题，最好的办法就是通过新型技术手段。AR/VR 技术的完善和普及，为实现元宇宙医疗带来了前所未有的可能性。在医疗实践中，白春学教授凭借自己临床的真实经历，基于 AR、VR 等数字新技术开发探索肺癌的早期筛查。此前，白春学教授提出并持续专攻物联网医学，但他发现临床实践中仍有一些无法解决的问题，特别是无法做到全时空指导经验较少的医生、控制临床医疗质量。想要解决这些难题，就需要更完善的技术平台，而元宇宙的虚实融合、人机融合和虚实联动技术有望突破解决这些问题，并推动元宇宙医学健康、快速发展。究其原因，元宇宙医学可以通过 AR 技术实施的物联网医学，并邀请来自亚洲、欧洲的医生以及 IT 专家组成多学科专家

---

① 唐闻佳. 元宇宙医学联盟在上海创立 [N]. 文汇报，2022 - 02 - 21.

组、达成"元宇宙医学共识",提出通过元宇宙医学云平台,进行元宇宙教学、科普、会诊、分级诊疗和临床研究。①

按照白春学教授的理解,元宇宙医疗通过人工智能、大数据、云计算、虚拟现实等技术的深度应用,让医疗服务更智能化,更个性化,更精准和优质。这样的沉浸式、智慧医疗手段,甚至还可能给患者带来360度的全方位聚合,包含视觉、嗅觉、触觉、听觉等体验,这引起了外科等医学领域的极大关注,相关的应用也正在开发中。对此,多位外科医生在接受媒体采访时坦言,元宇宙医疗在外科手术中,其应用前景十分巨大。②

在移动医疗板块,2019年中国移动医疗市场的规模超过1 000亿元。

2020年6月24日,易观发布的《2020年中国互联网医疗年度分析》的专题分析数据显示,在政策利好的推动下,互联网医疗迅速发展。互联网大厂的进入扩大了医药电商市场的整体规模,从而带动移动医疗产业市场规模快速增长。在线医疗服务端也在探索通过为B端提供服务而逐步实现收入增长。易观统计,2019年中国移动医疗市场规模为1 336.88亿元,较2018年同比增长35.6%。2020年受新冠肺炎疫情影响,市场规模将达2 000亿,市场增长达46.7%,是2015年以来的最大增速。见图19-2。

此外,随着医疗市场规模的不断扩大,资本投融资事件更加频繁。见图19-3。2019年资本在医疗健康市场投入频率收紧,金额持续攀升。根据易观分析发布的报告数据,多达15家"互联网+医疗健康"企业获得C轮及以上融资。见表19-1。

① 唐闻佳. 元宇宙医学联盟在上海创立 [N]. 文汇报, 2022 - 02 - 21.

② 钱童心. 元宇宙医学有哪些应用场景? 外科医生这样说 [N]. 第一财经, 2022 - 03 - 31.

图 19－2　2015—2020 年中国互联网医疗市场规模

资料来源：易观分析整理。

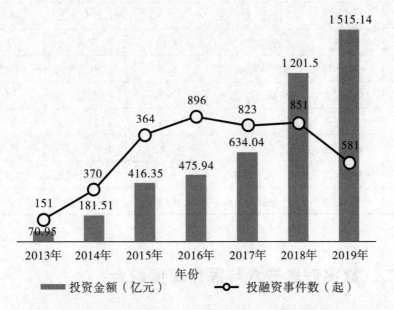

图 19－3　2013—2019 年中国医疗健康市场投融资金额和投融资事件数

资料来源：IT 桔子，易观分析整理。

表 19 - 1 2019 年互联网医疗健康主要投融资事件

时间	公司名称	细分领域	轮次	融资金额	估值（亿元人民币）
1 月	妙手医生	医药电商	C + 轮	5 亿元人民币	50
1 月	智云健康	慢病管理	C 轮	1 亿美元	52
3 月	叮当快药	医药电商	C 轮	6 亿元人民币	36
4 月	妙健康	健康管理	C 轮	5 亿元人民币	50
4 月	七乐康	医药电商	战略投资	未透露	65
4 月	企鹅杏仁	诊所	战略投资	2.5 亿美元	65
5 月	阿里健康	医疗综合服务	战略投资	22.7 亿港元	90.8
5 月	新氧	医美	IPO	1.79 亿美元	96.67
6 月	微脉	问诊挂号	C 轮	1 亿美元	32.5
6 月	小鹿医馆	慢病常见病管理	C 轮	2 000 万美元	16.25
6 月	妙手医生	医疗健康	C + 轮	未透露	70
6 月	水滴互助	互助众筹	C 轮	10 亿元人民币	48
7 月	森亿智能	人工智能	C 轮	2.5 亿元人民币	15.71
8 月	惠美科技	人工智能	C 轮	3 000 万美元	19.5
11 月	思派健康	人工智能	D + 轮	10 亿元人民币	50

二、数字信息技术与医疗深度融合

把数字信息技术与医疗深度融合起来，上海长海医院神经外科主任刘建民说道："元宇宙在医学领域，尤其是在外科手术方面，未来一定会有巨大的应用空间，尤其是对于神经外科、血管手术等，元宇宙有极大的应用前景，包括手术前的模拟，手术预案的制订等。"①

刘建民解释称："未来借助元宇宙的平台，通过影像的整合，医生所能'看见'的范围超越了手术本身的真实细节，可以从解剖空间的多个角度，'看清'神经、血管的结构。这在外科手术方面尤其重要，将成为神经外科方面的重要趋势。"②

这与 IDC 发布的报告有共同的结论。2022 年 1 月，IDC 在《全球医疗健康行业 2022 年预测——中国启示》报告中做出了中国医疗健康行业十大预测总结。见表 19 – 2。

表 19 – 2　2022 年中国医疗健康行业十大预测

序号	预测内容	说明
1	医疗数据安全	到 2023 年，为应对医疗数据互操作而导致安全事件的风险，包括中国政府在内的全球多个国家政府将进一步规范医疗数据在隐私保护、商业变现和授权使用方面的法规
2	数据驱动价值医疗	到 2024 年，医疗机构除非采取数据驱动的治理、运营和组织架构，否则将有 70% 的医疗机构在尝试扩大基于价值的医疗模式中遭遇失败
3	数据支撑个性医疗	到 2024 年，20% 的慢性病患者将真正拥有并公开利用他们的个人医疗健康数据，来实现所倡导的、安全的和更好的个性化医疗
4	医疗便利化	到 2024 年，"无处不在的医疗服务"项目的增长将带来医疗服务的不连续性并增加数据碎片化，导致患者发生不良医疗事件的风险翻倍
5	预测性医疗	到 2025 年，将有 35% 以上的医疗机构采用人工智能驱动的解决方案和算法模型来支持预测性医疗模型

---

① 钱童心. 元宇宙医学有哪些应用场景？外科医生这样说 [N]. 第一财经, 2022 – 03 – 31.
② 同上。

（续表）

序号	预测内容	说明
6	未来医护工作	到2025年，50%的医疗机构将依赖组合式的工作场所与工作模式，以此来应对数字化倦怠，重新定位医护员工的角色，创建全新的工作方式和员工体验
7	处方数字疗法	到2026年，处方数字疗法市场将增长三倍以上，在精神健康和慢性病领域率先应用，使得医疗与生命科学之间的界限模糊化
8	5G医疗创新	到2025年，三分之二的医院将启用5G，以加速医院在医疗成像、远程护理、医疗物联网和沉浸式服务等方面的创新应用
9	研究即治疗	到2027年，综合的研究型医疗组织的数量将翻一番，推动医疗生态系统中的临床研究作为治疗方案模式的发展
10	环境接口	到2027年，由智能语音识别、传感器和/或基于手势控制的医疗环境接口技术将被60%的医护人员使用以及在20%的家居护理中使用

在这十大预测中，5G医疗创新、环境接口给当下的医疗技术创新带来曙光。上海长征医院血管外科主任曲乐丰举例说道："血管外科是一个较新的专业，现在90%以上的手术都是微创治疗，在DSA血管造影等影像的指导下进行手术操作，这种多模态影像联合可视化的场景下，元宇宙具有优势。"曲乐丰为此建议药企和医疗器械厂商参与元宇宙医学生态体系的建设，一方面可以对相关的信息技术板块业务提前投资布局；同时还可以参与元宇宙医学生态体系的构建，促进医疗行业的良性健康发展。①

对此，IDC中国Health Insights行业研究与咨询服务部高级研究经理肖宏亮说道："从十大预测中可以看出，医疗数据已经成为医疗健康行业发展的关键要素，管理好和利用好医疗数据并且基于医疗数据开发医疗人工智能应用是医疗行业的发展热点，也是未来发展的重点，医疗数据的安全与信任则是

---

① 钱童心. 元宇宙医学有哪些应用场景？外科医生这样说［N］. 第一财经，2022－03－31.

当前的首要重点；5G 技术正在驱动多种医疗服务创新，物联网技术驱动环境接口技术发展，促使医疗工作更加便捷；医疗信息化和数据化正在驱动医护工作方式的改变和临床医疗研究模式的创新。另外，这十大预测与近期中国医疗政策对数字化的要求具有很强的匹配性，对于医疗政策的落地执行具有较强的参考意义。"

第 20 章　元宇宙 + 旅游

2021 年 11 月 18 日，张家界元宇宙研究融合发展研讨会暨张家界元宇宙研究中心挂牌仪式在武陵源区大数据中心吴家峪门票站举行，张家界自此成为全国首个设立元宇宙研究中心的景区。

之后，各种声音随即而至。澎湃新闻记者以"张家界元宇宙研究中心挂牌"一事电话采访武陵源区旅游局。一名工作人员接受采访时说道："元宇宙实际上是一种智能化、智慧化旅游的高级形态，但这也只是个人理解。……元宇宙的概念就是 5G、6G，包括数字旅游、虚拟旅游的一种总和，借助元宇宙的概念能够加速整个张家界景区数字化转型和智能化旅游的推进。成立这样一个机构，就是向公众宣布，针对数字化旅游，我们在努力和探索。"

2021 年 11 月 18 日晚，红网张家界站刊发了一则报道解释："有网民质疑'景区没能力去研究元宇宙'，其实张家界作为世界知名景区，一直走在旅游创新的前沿。张家界元宇宙研究中心主要研究和探索旅游与元宇宙的融合发展，以'技术创新'驱动'应用创新'和'产业创新'，培育旅游产业新的产品形态、生产方式和消费模式。"

对于各种质疑，该文回应道："对于'蹭元宇宙'热度，其实也是一次对张家界的宣传。此次张家界率先进行相关探索和实践，有利于把握和引领元宇宙旅游发展潮流，为旅游数字化转型提供理论和技术支撑，实现旅游经济的数字化转型和全域旅游的高质量发展。……下一步，张家界元宇宙研究中心将深入研究元宇宙特别是如何借元宇宙发展旅游产业，准确把握元宇宙旅游发展潮流，定期举办论坛、打造开放平台，吸纳全国优秀人才和先进的技术加入，为旅游数字化转型提供理论和技术支撑，实现旅游经济的数字化转型。"

据了解，曲江文旅、海昌海洋公园等景区都在探索"元宇宙"。海昌海洋公园与 Soul App 携手打造"海底奇幻万圣季——打开年轻社交元宇宙"主题活动；大唐不夜城宣布筹备全球首个基于唐朝历史文化背景的元宇宙项目"大唐·开元"，打造"镜像虚拟世界"；世界文旅巨头迪士尼公司也提到，迪士尼将建立自己的"元宇宙"，将现实与虚拟世界更加紧密地连接起来，跨越边界，运用人工智能、虚拟实境、物联网等技术，将虚实共生的园内外整体体验向更高层级的沉浸感和个性化推进，打造更多 IP 故事；国内首家元宇宙主题公园"冒险小王子"宣布于 2022 年在深圳正式开放。[1] 一系列事件证明元宇宙与旅游正在深度融合，元宇宙赋能旅游业被人们看好。

一、VR 技术实现深度沉浸式体验

当前，元宇宙概念股依旧火爆，推高了一批有元宇宙概念的公司股价，甚至蔓延到文旅行业。究其原因，元宇宙所涵盖的数字化、虚拟现实技术及深度沉浸式体验，已经在中国本土市场一部分旅游景区景点应用。例如，上海东方明珠广播电视塔在几年前曾推出一个 95 米"高空 VR 过山车"的体验项目。此项目的主题是用户飞越上海城际高空，通过虚拟现实技术与明珠塔原有的传统过山车结合，运用大量数字技术突破视觉和感官局限，让戴上 VR 眼镜的游客如乘坐过山车般穿梭在陆家嘴的摩天大楼之间，效果颇为逼真、刺激。用户在体验类似的高空过山车时，眼前的画面会同步出现游客的个人虚拟形象；当用户因兴奋而尖叫，或者因害怕而抓紧扶手时，画面中的自己也会做出同样的动作……这样的参与感和互动感是空前的。

早在 2016 年，旅游业就出现了一个新的变化。在旅游博览会的展馆内，

---

① 中国旅游集团研究院. "元宇宙"对旅游业发展有何影响？［EB/OL］. 2022－03－16. https://www.zhihu.com/question/522345602.

诸多展台都把 VR 设备放到显眼的位置，让用户佩戴 VR 设备体验虚拟的世界。"戴上 VR 眼镜，仿若骑行在宝岛台湾，周遭是原生态美景，抬头见蓝天白云，回头还能看到路人温暖的笑……" 2016 年 5 月 6 日上午，在雄狮（福建）国际旅行社展区，《福建日报》的记者曾体验了一番"虚拟台湾行"。

《福建日报》报道称，雄狮（福建）国际旅行社是福建省首批获准经营赴台游的台资合资旅行社之一。雄狮（福建）国际旅行社总经理黄信川介绍，利用 VR 新技术的目的是把台湾居民玩台湾的方式推介给大陆的游客。黄信川说道："你可以选择单车骑行游、环岛火车游，也可以来台湾边旅游边办party。下次去台湾，我就要这样的非主流行程。"

正是这样的安排，用户在体验 VR 旅行后都纷纷点赞。在智慧旅游展馆中，用户可以体验 HTC 的 VR 设备——HTC VIVE。用户使用 VR 设备，就可以体验福建省旅游部门定制开发的新场景——虚拟店铺，拿、移、投、放店铺商品，亲身体验"旅游＋VR＋购物"的旅行。

VR 是近两年异军突起的"黑科技"，当硬件迭代逐步稳定，作为增加用户黏性及用户吸引力的核心力量，各类 VR 内容便开始发力，"VR＋旅游"应运而生。

据介绍，2016 年旅游博览会首次举办"旅游＋VR 论坛"。为此，福建省不少智慧旅游公司不仅涉足 VR，还涉足了 AR 和 MR 等领域。

这样的智能旅游将是大势所趋。如任我游（厦门）科技发展有限公司在2016 年旅游博览会上就专门搭建了一个未来旅游体验馆，展示与 VR/AR 技术结合的海底世界、海洋旅游、景区旅游、旅游餐饮等。

任我游（厦门）科技发展有限公司副总经理丁晓曦在接受《福建日报》采访时说道："任我游（厦门）科技发展有限公司将新技术与旅游内容管理结合进行体验式推动，是未来旅游营销的方向。目前，公司已完成全国 4 000 多个景区全景影像采集，并制作出 VR 体验碟带，与厦旅集团，宝中旅游、建发旅游等开展了实质性合作。"

在丁晓曦看来，旅游形式的变化，无疑会促进其商业模式的变化。福建厦门欣欣旅游董事长兼 CEO 赖润星说："以前，互联网上对景点的描述无非是几张照片、几段文字，没维度、没热度，做了 8 年这样的内容产品，我们早就腻了。"

据赖润星介绍，欣欣旅游通过投资全景通科技，正转型为 VR 供应商，2016 年 6 月推出 VR 旅游全息展示中心。赖润星说道："通过在旅游者身上试错来提高服务水平的时代已过去，VR 技术能以提供虚拟场景来训练旅游服务者的业务技能，改善行前选择、行中服务和行后反馈。"

虽然不少研究者认为，虚拟旅游不能代替实地旅游，但他们亦不否认，在营销之外，新技术或将成为提升旅游体验的辅助工具。对此，北京师范大学虚拟现实与可视化技术研究所所长周明全说："这些人们还不了解的'黑科技'，恰恰能为智慧城市、智慧景区、智慧博物馆提供解决方案。比如，AR 技术能把旅游目标物的历史、故事、文化等虚拟出来，叠加在现实场景中，改变目前只靠解说或音视频介绍的办法，弥补游客无法接触文物的遗憾。又如，应用 MR 能把目前的网游背景换成历史或实时旅游目标物，使旅游游戏化、游戏旅游化。"对此，有研究者指出，结合"互联网＋""VR＋"技术，完全可以打造创新的智慧旅游。比如，传统企业可以利用 VR 技术让用户体验在月球或者火星漫步。

随着 VR 技术的完善，"VR＋旅游"水到渠成，只不过，传统企业需要做的是，在大数据时代结合"互联网＋""VR＋"技术，抓住智慧旅游发展的新变化、新趋势。

对于当下的很多浅度 VR 用户来说，经过两年的媒体大篇幅报道，对 VR 内容已经不算陌生。事实上，"VR＋"技术模糊了现实与虚拟的界限，不断引爆用户们的想象。究其原因，用户可以借助 VR 头戴式显示器，以 3D 交互视频的形式、360 度全景式体验到动人心魄的海洋、雨林、山地以及野生动物，用户恍如置身于一个"真实"的广袤天地中，其优美的景色和自然环境，令用户叹为观止。

在这样的背景下，VR 无疑成为未来旅行、观光的一个研发方向。通过

VR 技术，用户不再需要亲身旅行就可以探索一些无法企及的旅游目的地，同时在这个体验的过程中，用户不必舟车劳顿，不会出现时差综合征，不会被昆虫叮咬，等等。用户只需一张舒适的椅子，戴上 VR 设备就可以去到一个新的旅游目的地。

基于此，这样的需求催生了一个巨大的商机，深圳市掌网科技股份有限公司为此推出了自己的产品——星轮 ViuLux VR 头盔。该 VR 头盔采用大口径非球面光学镜片设计，与市场上绝大多数采用球面光学镜片的 VR 头盔相比，星轮 ViuLux VR 头盔的影像更加真实、清晰，配合 110°黄金视场角、720°头部传感跟踪技术和九轴传感器的应用，用户就能体验到深度的沉浸感，仿佛身临其境一般。

随着"VR＋"成为当下的风口，"VR＋旅游"将是继游戏之外的一个新蓝海市场。究其原因，当前中国正处于火爆发展的"VR＋产业"与旅游业结合的时刻，越来越多的资本正在进入。当然，VR 技术与智慧旅游的结合，主要应用在两个方面：

（1）旅游体验市场。对于浅度 VR 用户来说，只要戴上 VR 眼镜，旅游目的地就在眼前。这种想看哪里就看哪里的虚拟旅游方式，在"VR＋"时代将会有很大的市场空间。

（2）虚拟旅游市场。如 VR 技术与眼镜的结合，一方面可以解决语言沟通的障碍，另外一方面可以解决"私人导游"的问题。关键是还可以根据游客的偏好，借助大数据避开拥堵，给自己一个愉悦的旅行体验。

二、颠覆传统旅游产业链

元宇宙火爆的另一个原因是，新冠疫情冲击世界经济，尤其对旅游业这类以线下体验为主的产业冲击更大。世界旅游城市联合会与中国社会科学院旅游研究中心联合发布的《世界旅游经济趋势报告（2022）》报告显示，2021年全球旅游总人次（含国内旅游人次和国际旅游人次，下同）和全球旅游总收入（含国内旅游收入和国际旅游收入，下同）不足疫情前的 60% 。具体而言，2021 年全球旅游总人次达到 66.0 亿人次。见图 20 – 1。

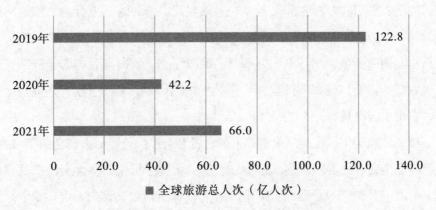

图 20 – 1　2019—2021 年全球旅游总人次

该报告还提到，2021 年，全球旅游总收入达到 3.3 万亿美元（见图 20 – 2）。国内旅游人次和国际旅游人次分别为 2019 年的 53.7% 和 55.9% ，这两项指标预计在 2022 年将分别恢复到疫情前水平的 68.8% 和 67.8% 。

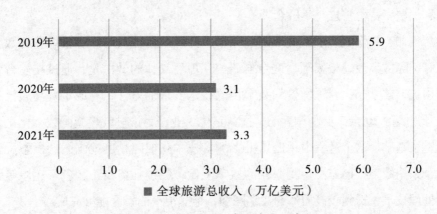

图 20 – 2　2019—2021 年全球旅游总收入

制订多元化策略，通过技术变革寻求新的经济增长点成为重塑旅游业格局和恢复旅游经济的重要任务，一些景区甚至纷纷联合科技公司推出在线的虚拟旅游服务，与此相关的 VR、5G 等先进技术与"元宇宙"概念正逐步与旅游业融合。

对此，中国旅游集团研究院认为，元宇宙对旅游业的影响是多方面的。

第一，提升景区场景的沉浸式体验。"元宇宙带来的极致沉浸交互体验将为目的地、酒店内容打造带来更大的想象空间。例如时下流行的'旅游＋电竞'，其核心竞争力就是内容，元宇宙能够为实体目的地（景区、酒店等）和虚拟电竞创造更多的结合点，提升产品的吸引力，同时通过内容生产系统和玩家系统的建设，玩家不仅能体验企业提供的内容，参与互动，还能自己创作，自由生产交易。"①

第二，颠覆传统旅游产业链，为消费者参与产品设计研发创造有利条件，生产者和消费者的界限将逐渐模糊。"现实场景虚拟化，将大大降低试错成本，同时提升参与的受众面。传统的景区设计由规划公司出方案，专业公司实施运营，由于景区开发属于重资产投资，一旦施工，修改的成本很高，因此设计主要依靠规划公司的经验，很少让消费者参与。未来如果元宇宙技术能广泛应用，景区开发可以先在虚拟空间中实现，消费者参与景区设计开发门槛将大大降低，现实场景打造可以按照虚拟场景的最优方案来实施，生产者和消费者身份将进一步融合。"②

例如，敦煌研究院与美国西北大学、梅隆基金会共同开展敦煌壁画数字化和国际数字敦煌档案项目的合作研究。项目具体的做法是，通过技术合作和引进，建立起一套平面壁画数字化的技术实现的方法，完成了莫高窟已经公开发表的 20 余个典型洞窟的全面数字化作业，为推进敦煌壁画数字化工作奠定了基础。这个过程中用近景摄影测量技术获取高精度壁画图像摄影反转片，采用数字扫描方法得到壁画的数字图像，经过几何纠正和色彩还原等图像处理技术，得到较高质量的数字图像，绝非单一的景区能够完成。③

---

① 中国旅游集团研究院. "元宇宙"对旅游业发展有何影响？［EB/OL］. 2022 – 03 – 16. https://www.zhihu.com/question/522345602.

② 同上。

③ 李宝花. 旅游景区纷纷"搭车"元宇宙概念，是噱头还是风口［EB/OL］. 2021 – 11 – 22. https://new.qq.com/omn/20211122/20211122A0985B00.html.

又如，正在打造"大唐·开元"的大唐不夜城，已在数字化产品上小试牛刀。2021 年 11 月 3 日至 4 日，蚂蚁链宝藏计划上线了西安首批 3D 建筑模型的数字藏品"大唐开元·钟楼""大唐开元·小雁塔"，每个数字藏品共发行 10000 份，上线后数秒即全部售罄。其中，"大唐开元·钟楼"的售价为 19.9 元。用户购买后，通过蚂蚁链技术上链确权生成唯一的数字凭证，保障用户在购买、收藏等环节的真实性、独特性，有效保护了文物数字版权。无论是 VR 过山车还是数字藏品，这些以数字技术为依托的传统文旅产品的传承创新，使旅游景区离元宇宙的距离更近一步，也令文旅行业将元宇宙视作新的风口。基于此，在资本和技术的助推下，元宇宙应用场景在中国景区落地的愿望并不渺茫。①

---

① 李宝花. 旅游景区纷纷"搭车"元宇宙概念，是噱头还是风口 [EB/OL]. 2021 – 11 – 22. https://new. qq. com/omn/20211122/20211122A0985B00. html.

后　记

2021 年，随着高带宽、低时延 5G 技术的普及，元宇宙作为一个跨时代的新商业业态被众多科技企业热捧。2021 年 3 月，罗布乐思成功赴美上市，元宇宙的热度迅猛升温，科技企业纷纷入局元宇宙相关板块，由此掀开了元宇宙投融资的幕布。2021 年 5 月，Facebook 表示将在 5 年内转型成一家元宇宙公司（10 月 28 日更名为"Meta"）；2021 年 5 月 18 日，韩国政府宣布成立"元宇宙联盟"，并计划投入 2 024 亿韩元（约合人民币 11.6 亿元）在数字内容产业上。2021 年 8 月，字节跳动斥巨资收购 VR 创业公司小鸟看看……元宇宙已经拉开了未来商业竞争的新序幕，同时也成了科技领域最火爆的概念之一。

从目前来看，元宇宙产业宣称依托支持 VR、AR 等 XR（扩展现实）技术的硬件设备给玩家营造沉浸式的体验，并依靠 AI、大数据、5G、区块链、数字孪生、云计算等软技术给玩家带来一个智能的、低延迟的、安全可靠的云端世界。为了解开元宇宙的商业密码，本书从元宇宙重构未来商业革命；新基建驱动元宇宙；元宇宙才是 VR 的正确打开方式；全球科技巨头布局元宇宙；元宇宙赋能企业数字化转型；"元宇宙 +"，如何加等诸多方面进行剖析，期望给 4 500 万家中国企业的经营者、高管提供帮助。

这里，感谢"财富商学院书系"的优秀人员，他们参与了本书的前期策划、市场论证、资料收集、书稿校对、文字修改、图表制作等工作。

以下人员对本书的完成亦有贡献，在此一并感谢：周梅梅、吴旭芳、吴江龙、简再飞、周芝琴、吴抄男、赵丽蓉、周斌、周凤琴、周玲玲、周天刚、丁启维、汪洋、蒋建平、霍红建、赵立军、兰世辉、徐世明、周云成、丁应桥、何庆、李嘉燕、陈德生、丁芸芸、徐思、李艾丽、李言、黄坤山、李文强、陈放、赵晓棠、熊娜、苟斌、佘玮、欧阳春梅、文淑霞、占小红、史霞、杨丹萍、沈娟、刘炳全、吴雨来、王建、庞志东、姚信誉、周晶晶、蔡跃、姜玲玲等。

在撰写本书的过程中，笔者参阅了相关资料，包括电视、图书、网络、视频、报纸、杂志等，所参考的文献，凡属专门引述的，尽可能注明了出处，在此向有关文献的作者表示衷心的感谢！如有疏漏之处还望谅解。

本书在出版过程中得到了教授、智库专家、业内人士以及出版社编辑等的大力支持和热心帮助，在此表示衷心的感谢。

由于时间仓促，书中纰漏在所难免，欢迎读者批评斧正（E‑mail：zhouyusi@ sina. com）。

金 易

2022 年夏于北京财富书坊

推荐阅读

一本书读懂汪滔和他的大疆！

书名：汪滔：
　　　让梦想飞得更高
作者：高林
书号：978 - 7 - 5454 - 8527 - 1
定价：55 元
出版日期：2023 年 1 月
出版社：广东经济出版社

完整系统解读董明珠和格力的实力之作！

书名：霸气女皇董明珠：
　　　全球最大空调企业格力成长内幕
作者：魏昕 刘云菲
书号：978 - 7 - 5454 - 4588 - 6
定价：48 元
出版日期：2017 年 10 月
出版社：广东经济出版社

明明白白合伙，清清楚楚分钱！

书名：合伙制：
　　　重新定义企业的组织形式
作者：解银坤
书号：978 - 7 - 5454 - 5402 - 4
定价：45 元
出版日期：2017 年 6 月
出版社：广东经济出版社

揭秘中国完美创业团队的创业历程！

书名：这才叫合伙创业：
　　　从携程、如家到华住的启示（升级版）
作者：高慕
书号：978 - 7 - 5454 - 8314 - 7
定价：72 元
出版日期：2022 年 5 月
出版社：广东经济出版社

推荐阅读

以简驭繁，让绩效管理回归简单！

书名：极简绩效管理法
作者：李彬
书号：978 – 7 – 5454 – 6604 – 1
定价：45 元
出版日期：2019 年 5 月
出版社：广东经济出版社

360 度详解如何开展高质量的招聘面谈！

书名：极简招聘面谈法：
　　　　15 分钟面谈组建高效团队
作者：羡婕
书号：978 – 7 – 5454 – 7603 – 3
定价：45 元
出版日期：2021 年 2 月
出版社：广东经济出版社

解决零基础管理新手的六大关键问题！

书名：上任第一年：
　　　　小团队管理全攻略
作者：林国峰
书号：978 – 7 – 5454 – 6946 – 2
定价：45 元
出版日期：2020 年 1 月
出版社：广东经济出版社

跨界达人写给创业小白的实战书！

书名：30 分钟学创业：
　　　　手把手教你解决 7 大核心问题
作者：姚茂敦　杜春翔
书号：978 – 7 – 5454 – 8140 – 2
定价：48 元
出版日期：2022 年 6 月
出版社：广东经济出版社